九州文库

网络时代个人信息危机及法律规制研究

朱志超 著

九州出版社
JIUZHOUPRESS

图书在版编目（CIP）数据

网络时代个人信息危机及法律规制研究 / 朱志超著
. -- 北京：九州出版社，2024.3
ISBN 978-7-5225-2705-5

Ⅰ.①网… Ⅱ.①朱… Ⅲ.①互联网络 – 个人信息 –
隐私权 – 法律保护 – 研究 – 中国 Ⅳ.① D923.04

中国国家版本馆 CIP 数据核字（2024）第 057917 号

网络时代个人信息危机及法律规制研究

作　　者	朱志超　著
责任编辑	云岩涛
出版发行	九州出版社
地　　址	北京市西城区阜外大街甲 35 号（100037）
发行电话	（010）68992190/3/5/6
网　　址	www.jiuzhouopress.com
印　　刷	唐山才智印刷有限公司
开　　本	710 毫米 ×1000 毫米　16 开
印　　张	15.5
字　　数	165 千字
版　　次	2024 年 3 月第 1 版
印　　次	2024 年 3 月第 1 次印刷
书　　号	ISBN 978-7-5225-2705-5
定　　价	95.00 元

前　言

　　互联网行业的高速发展，已经使中国成为世界上网络数据产量最大、数据类型颇为丰富的国家之一，与此同时，个人信息的大量泄露成为影响网络发展的极大因素。个人信息和隐私安全危机，成为我国面临的巨大问题。在巨大的商业利益驱使下，一些人通过一系列非法手段侵犯公民的个人信息和隐私，通过非法数据窃取、信息窃取、网络钓鱼和电信欺诈，给国家造成巨大的经济损失和负面的社会影响。

　　中国非常关注和重视公民个人信息的法律建设和隐私保护。2000年，全国人民代表大会常务委员会首次决定维护互联网安全，这也涉及了个人信息的保护，但主要涉及侵犯公民的通信自由和通信秘密，而不是全面保护个人信息。2003年，国务院新闻办公室部署了个人信息立法的研究课题。2005年，拟定了专家意见草案，但尚未进入正式立法程序。至2017年11月，我国就有宪法和其他110部法规涉及个人信息保护，177项行政法规和7191项地方性法规以及一些地方性法律文件涉及个人信息保护，有940个司法解释和文件。其中，刑法、民法、网络安全法、消费者权利法、邮政法、统计法等诸多法律都涉及个人信息隐私权的保护与隐私。在行政管理方面，国家颁布了《个人信用信息库管理暂行办法》和《电信、互联网用户个人信息保护条例》。在标准制定方面，国家于2013年颁布了《信息安全技术、个人信息保护公共和商业服务信息系统导则》等相关标准。2017年10月1日，中华人民共和国第十二届全国人民代表大会第五次会议通过《中华人民共和国民法典》，其中涉及个人信息保护的条款有第一百十一条、第九百九十九条、第一千零三十四条、第一千零三十五条、第一千零三十六条、第一千零三十八条、第一千零三十九条，大大推进了我国个人信息保护法的发展。

我国制定《个人信息保护法》的立法过程较为曲折。早在2006年，我国的法律专家就拿出《个人信息保护法》的草案，但是一直进展缓慢。2019年3月5日十三届全国人大常委会第二次会议，将制定《中华人民共和国个人信息保护法》列入本届立法规划。2020年10月13日十三届全国人大常委会第二十二次会议对《中华人民共和国个人信息保护法（草案）》进行了初次审议。2021年4月26日十三届全国人大常委会第二十八次会议对《中华人民共和国个人信息保护法（草案二审稿）》进行了审议，在一审稿的基础上主要修订增加一些内容，主要有：进一步完善明确个人信息处理应遵循的原则；参照民法典中的规定，增加了对死者的个人信息保护条款；增加了超大互联网平台特定的个人信息保护义务的要求；明确了由国家网信部门统筹推进个人信息保护有关工作；明确了个人信息侵权行为的归责原则为过错推定。2021年8月20日十三届全国人大常委会第三十次会议表决通过《中华人民共和国个人信息保护法》，2021年11月1日起施行。这部法律一共74个条文。这部法律既是从维护个人在数字化时代的人格尊严和公平实践的角度制定的，也充分考虑了数字经济发展的合理需求和趋势，旨在确立和保护自然人对于个人信息的尊严、安全和公平使用的合理要求。它对自然人关于个人信息的权利、个人信息处理者对于个人信息的义务、相关部门对于个人信息的保护职责、个人信息处理具体要求、个人信息跨境、法律责任等做出了明确和可操作的规定。《个人信息保护法》的通过和施行向世界展示了中国对于个人信息保护极其严肃的法律立场：将用严法迎接一个充分尊重个人信息并正当对待"数字人格"的新时代。随着社会加速变革，信息化潮流渐成趋势，其与经济的发展更是密切相关。其中，网络作为全新的空间，它在现代社会扮演的角色已不限于交流与合作的平台，更多的是推动经济快速发展的关键助力。截至2020年底，我国互联网产业规模不断扩大，用户数量接近十亿，互联网网站数量跨过400万大关，应用程序数量更是高达345万。[①] 这些数据显示个人信息的收集与使用正变得更加普遍。虽然我国近年来在个人信息保护方面逐步出台保护政策，但现实情况表明仍有一些问题难以克服。部分社会主体出于牟取利益等考量，往往不遗余力地试探保护政策的底线，他们非法获取、滥用，甚至买卖个人信息资源，对普通民众的正常生活与财产安全造成了严重影响。此类事件频发，背后暴露的问题非常突出。

从2020年中信银行泄露脱口秀演员池子个人信息案件以

---

① 王比学.处理个人信息应合法正当［N］.人民日报，2020-10-14.

及各大平台的"大数据杀熟"、2021年"3·15"爆出的各种个人隐私泄露事件，似乎在告诉我们一个不大愿意相信但确实已经存在了的事实：经营者在数字技术上应用得更加专业、纯熟，消费者就越发处于弱势地位，个人隐私已成为经营者手中用于交换利益的廉价或免费的筹码。我国"十四五"规划、"新基建"等政策将持续深入推进数据要素安全管控和市场化，提升社会数据资源价值。信息化时代，个人信息保护已成为广大人民群众最关心最直接最现实的利益问题之一。未来，数据安全及个人信息保护能力，将成为政企数字化转型成果的"试金石"。随着《数据安全法》《个人信息保护法》等法律的实施，表明我国数据安全保护已进入法制化时代，更是国家安全战略的核心部分。

我国个人信息保护法现在正在加快实施，这完全称得上是时代里程碑式的标志性事件，其意义之深远可概述如下：第一，制定《个人信息保护法》是为了更好地保障个人信息安全，也是当前形势下的必然要求。自党的十八大以来，我们国家通过立法采取了一系列措施来加强网络信息保护，包括制定《网络安全法》《电子商务法》，修订《消费者权益保护法》等。这些法律的制定都旨在确立个人信息保护的基本原则和规则。此外，在修改刑法和编纂民法典的过程中，相关法律制度得以完善，惩治力度加大，威慑效应明显加强。但面对信息化快速发展和人们日益增长的美好生活需求，仍然存在一些挑战和不足。第二，制定个人信息保护法是为了确保网络空间的良好生态，也是符合现实需求的必要举措。网络空间是囊括亿万人民虚拟生活空间的公共领域，必须在法治的阳光下健康运行。非法采集、滥用个人信息的行为不仅损害了人民群众的切身利益，还对交易安全造成严重威胁，扰乱了市场竞争，破坏了网络空间的秩序。因此，我们需要制定专门的法律，通过严密的制度、严格的标准和严厉的责任，规范个人信息的处理活动，确保企业、机构等个人信息处理者履行法律义务和承担责任，从而确保网络空间得到长足发展。第三，《个人信息保护法》的制定旨在推动数字经济的健康稳定发展。当下，数字经济正在飞速发展，而数据作为数字经济的生产要素，其竞争已经成为国际竞争的重要领域，而个人信息数据则是大数据的核心和基础。党的十九大报告提出了我们要建设网络强国、数字中国和智慧社会的重要任务。为了实现这一目标，我们需要综合考虑个人信息的保护和利用，通过立法建立一套权责明确、成效良好、利用规范的制度体系，以在保障个人信息权益的同时，促进信息数据的合法有效利用，推动数字经济持续健康发展。在现代社会中，个人信息的保护问题涉及多个层面，例如，随着大数据技术的发展，不同个人信息的相互关联可以形成精确的公民数字画像，甚至可以准确到个人身份和实际位置。

在我国的法律体系中，个人信息的责任认定和处罚主要包含在刑法、民法和网络安全法等核心法律中。然而，由于这些法律的内容广泛而复杂，对于个人信息保护的责任认定和处罚相对较为粗略，刑罚也相对较轻。个人信息保护事关公民的切身利益甚至国家安全，在监督管理方面需要有一定的实用性，例如制定监管方式或引入检测工具。然而，当前信息系统和网络安全的实际需求，在细节划分、应对新技术和实施方面仍有改进的空间。① 社会的转型和飞速发展，已经给我们提出了更高的要求，政府以及各行各业对个人信息资源的关注度将更高，随之将带来网络时代个人信息的更大的危机。健全法律制度，有效保护个人信息的安全，已经是我们不可忽视的重大课题。

---

① 陶凤，王晨婷. 严禁非法买卖 个人信息保护法将提请审议［N］北京商报，2020-10-13.

目　录
CONTENTS

第一章　网络时代个人信息危机概述

第一节　个人信息的含义

一、个人信息的概念和特征

（一）个人信息的概念

个人信息是指个人的姓名、性别、年龄、血型、健康状况、身高、人种、地址、头衔、职业、学位、生日、特征等可以直接或间接识别该个人的信息。按照新《个人信息保护法》规定，个人信息是以电子或者其他方式记录的与已识别或者可识别的自然人有关的各种信息，不包括匿名化处理后的信息。个人信息的处理：包括个人信息的收集、存储、使用、加工、传输、提供、公开、删除等。而敏感个人信息是指一旦泄露或者非法使用，容易导致自然人的人格尊严受到侵害或者人身、财产安全受到危害的个人信息，包括生物识别、宗教信仰、特定身份、医疗健康、金融账户、行踪轨迹等信息，以及不满十四周岁未成年人的个人信息。

所谓信息的"识别",指的是通过个人信息与信息主体之间存在确定性联系的可能性,即通过这些个人信息能够直接或间接地辨认出信息主体的身份。识别过程包括直接识别和间接识别。直接识别是指通过直接确认本人身份的个人信息来进行识别,比如身份证号码、基因信息等。而间接识别则是指虽然现有的信息无法直接确认当事人的身份,但通过借助其他信息或对信息进行综合分析,仍然能够确定当事人的身份。通常来说,姓名可以用来进行"直接识别",但在存在同名同姓者的情况下,还需要辅以生日、地址、职业、身高等具体信息才能进行准确的识别。

（二）个人信息的特征和法律特征

1. 认为个人信息是民法意义上的"物"。这个观点认为,在市场经济条件下,个人信息采集者的目的并非知悉个体,而是将成千上万个人的信息整合成一个资料库,以满足特定群体信息的共性需求,为自身或他人使用。对于信息采集者而言,获取个人信息并不是目的,而是建立和扩展财源的手段之一。因此,根据所有权原则,在不违反法律和公共利益的情况下,所有权人享有对个人信息的占有、使用、收益和处分权利。[①]

2. 认为个人信息属于隐私。这种观点认为个人信息是一种隐私利益,因此个人信息保护的立法应该采取隐私权保护的模式。美国于1974年颁布的《隐私法》是这种观点的充分体现。

---

① 汤擎. 试论个人资料与相关法律关系［J］. 华东政法学院学报,2000（5）：34.

作为个人信息保护立法的先驱，美国的立法理论、方法和技术对其他国家产生了广泛的影响，超越了英美法系国家的范畴。我国台湾地区学者主流观点认为"个人资料"的保护，同样在于保护个人隐私。①

3.认为个人信息涉及人格权。以德国法为代表的"人格权客体说"认为，个人信息保护的目标是保护个人的人格权，使其不受个人信息处理的侵害。德国1990年修改后的《个人资料保护法》第一章第一条明确规定："本法旨在保护个人的人格权，使其不因个人资料的处置而遭受侵害。该法的目的是保护个人人格权在个人信息处理时免受侵害。"这一规定标志着德国法放弃了作为外来理论的隐私权，而转为在本国法律体系中寻求更为完善的人格权理论。

4.信息的立法主张强调了个人的基本权利和自由，尤其是隐私权，其作为一种基本人权被许多国际组织所支持。欧洲议会公约在其前言中指出，随着个人资料在自动化处理条件下跨国流动的不断增加，需要加强对个人权利和基本自由，特别是隐私权的保护。欧盟指令的前言规定，由于不同成员国对个人资料处理中的个人权利和自由，尤其是隐私权的保护水平存在差异，可能阻碍数据在成员国之间的传递，对共同体的经济生活造成不利影响，阻碍竞争并阻止各国政府履行共同体法律规定的职责。这种保护水平的差异是由于存在大量不同的国内法律、法规和行政规章造成的。个人信息反映了公民的人格利益，而个人信息的收集、处理或利用直接涉及个人信息主体的

---

① 王郁琦. NII 与个人资料保护［J］. 资讯法务透析，1996（1）：27.

人格尊严。这一点已经在实际法中得到体现：在宪法层面上，当前主要国家和地区将人格尊严和自由权视为保护个人信息的依据，以确保公民在处理其个人信息等事务时的自主权和决定权。

二、个人信息的分类

（一）个人信息类别的行政划分

在我国台湾地区，个人信息被划分为多个类别。第一类是识别类，包括姓名、住址、电话号码、电子信箱、银行卡号或信用卡编码以及护照编码等。第二类是特征类，包括年龄、体貌特征、个人生活习惯等。第三类是家庭情况，如婚姻记录、家庭成员、主要社会关系和社交活动等。第四类是社会情况，如财产、移民情况、休闲旅游活动、参与慈善或其他志愿组织记录、职业等。第五类是教育、技术或其他专业信息，如教育程度、专长、学位以及在校记录等。第六类是雇佣情况，如职务、工作地点、工作内容、工作经历、薪资、工作记录、工会成员资格等。第七类是财务细节，如收入、投资情况、负债情况、信用等级、财务交易记录等。第八类是商业信息，如参与的商业种类、与营业相关的许可证等。第九类是健康和其他信息，如健康记录、肇事记录、犯罪嫌疑、政治意见、政党、宗教信仰等。第十类是其他各种信息，包括所有未分类的个人信息。这些分类的目的是方便行政管理，并不限制个人信息的范围。我国的《个人信息保护法》将个人信息分为一般个人信息和敏感个人信息。①

（二）个人信息的理论划分

1. 直接个人信息和间接个人信息

个人信息可以分为直接个人信息和间接个人信息，以直接识别自然人的能力为标准。② 直接个人信息是指能够单独识别个人身份的信息。间接个人信息是指不能单独识别个人身份，但与其他信息结合可以识别个人身份的信息。在立法上，有些国家和地区并不主张对间接个人信息进行保护。在我国台湾地区，法律事务管理部门曾认为电话号码、电子邮件地址等信息由于尚不足以识别个人身份，因此并不属于受保护的个人信息。然而，当电话号码或电子邮件地址与其他信息相互关联后，往往会成为足以识别特定个人的信息（例如电子邮件地址中可能包含个人姓名），因此适用个人资料保护法。

2. 敏感个人信息和琐细个人信息

涉及个人隐私为标准，个人信息可以分为敏感个人信息和琐细个人信息（trivial data）③。敏感个人信息，指涉及隐私的个人信息。在社会生活中，判断一个信息是否构成敏感个人信息并不容易。有时候，由于这些信息和个人的关系过于"松散"而使得人们对它能否构成个人信息产生争议。如果一个人购买

---

① 苏羽炫. 大数据时代背景下的"被遗忘权"研究［D］. 南京：南京师范大学，2017.

② 张宸. 大数据环境下个人信息保护研究［D］. 哈尔滨：黑龙江大学，2015.

③ 齐爱民. 论个人信息保护法的统一立法模式［J］. 重庆工商大学学报（社会科学版），2009（8）：15.

性生活用品的信息被泄露，就可能导致两种判断结果：一种争论说产品主题（性）和购买者人身（性格和倾向）的联系过于"松散"，并不必然意味着购买者本人使用这种产品，因此此信息不构成购买者的敏感信息。另一种意见则认为购买者的"品位"和"倾向"是由他的生活反映出来的，他购买的商品是他本身个性和倾向的最好的例证。因为一般情况下，我们只看到他人购买商品，而不可能看到商品的使用。因此，该信息属于购买者的敏感信息。

3. 电脑处理个人信息和手工处理个人信息

根据个人信息的处理技术标准，可以将个人信息划分为电脑处理个人信息和手工处理个人信息。电脑处理个人信息指的是使用电脑或自动化机器进行信息输入、存储、编辑、更正、检索、删除、输出、传输或其他处理。手工处理个人信息，指的是不适合进行电脑处理或尚未进行电脑处理的个人信息。①

4. 公开个人信息和隐私个人信息

根据个人信息是否公开的标准，可以将个人信息分为公开个人信息和隐私个人信息。公开个人信息是指通过特定而合法的途径可以了解和获取的个人信息。根据我国台湾地区《资料保护法》的执行细则第32条第3项规定，公开的个人信息是指任何不特定第三方都可以合法获得或知悉的个人信息。将个人信息划分为公开个人信息和隐私个人信息的法律意义在于，公开个人信息，无论是否属于敏感个人信息，都已经丧失了隐私利益，因此无法获得特殊的敏感个人信息保护。而隐私个人信

---

① 严柳. 现代民法上个人信息权保护研究［D］. 上海：复旦大学，2010.

息目前是按照我国《中华人民共和国民法典》(以下简称《民法典》)的规定来处理的。隐私是自然人的私人生活安宁和不愿为他人知晓的私密空间、私密活动、私密信息。隐私权、个人信息的定义典型的侵权行为个人信息处理的原则个人信息主体的权利信息处理者的安全义务和保密义务。我国《民法典》第一千零三十二条规定，自然人享有隐私权。任何组织或个人不得以刺探、侵扰、泄露、公开等方式侵害他人的隐私权。第一千零三十四条规定，自然人的个人信息受法律保护。个人信息是以电子或者其他方式记录的能够单独或者与其他信息结合识别特定自然人的各种信息，包括自然人的姓名、出生日期、身份证件号码、生物识别信息、住址、电话号码、电子邮箱、健康信息、行踪信息等。个人信息中的私密信息，适用有关隐私权的规定，没有规定的，适用有关个人信息保护的规定。

三、网络背景下的个人信息危机

北京时间2018年12月1日晚间消息，万豪国际酒店集团(Marriott International)近日因顾客数据库泄露而遭遇集体诉讼，索赔金额高达125亿美元。[1]万豪国际酒店上周五（2018年11月30日）宣布，旗下喜达屋酒店(Starwood Hotel)的一个顾客预订数据库被黑客入侵，可能有约5亿顾客的信息泄露。据悉，黑客入侵早在2014年就已经开始。该消息公布后，万豪国际酒店股价一度下跌逾5%。随后，美国 Geragos & Geragos 律师事务所律师本·梅塞拉斯和 Underdog Law 法律顾问迈克尔·富

---

[1] 姜红德. 云安全，料敌先机胜过唯快不破［J］. 中国信息化，2019（8）：20.

勒代表两名原告大卫·约翰逊和克里斯·哈里斯对万豪国际酒店提起集体诉讼，索赔125亿美元。原告在起诉书中称："在当今这个数字时代，酒店客户最担忧的是银行卡号码和其他敏感个人信息的安全。而在过去的四年里，有5亿客户原本期望在万豪国际酒店过上舒适无忧的生活，结果却遭遇了历史上最大的数字灾难之一。"据万豪国际酒店称，这些可能被泄露的信息包括顾客的姓名、通信地址、电话号码、电子邮箱、护照号码、喜达屋 VIP 客户信息、出生日期、性别和其他一些个人信息。[①] 对于部分客户，可能还包括支付卡号码和有效日期等信息，但这些数据是加密的。125亿美元的索赔金额听起来是一个不小的数字，但也仅相当于5亿潜在被盗用户中每人得到25美元的赔偿。原告认为，这是用户因遭遇黑客攻击而取消信用卡所需时间的最低等额赔偿金。此外，原告还表示，希望该集体诉讼能够让万豪国际酒店和其他大型跨国连锁酒店意识到，尊重顾客隐私意味着要采取所有必要措施来确保用户信息的安全。可见，我国个人信息保护的现状不容乐观。

2021年4月，震惊全国的"人脸识别第一案"也再一次给我们敲响了警钟。[②]2021年4月9日下午，在杭州中级人民法院进行的全国"人脸识别第一案"二审判决中，二审法院确认并维持了一审法院的判决结果。具体而言，判决要求野生动物世界赔偿郭某1038元的合同利益损失和交通费，并要求在判

---

① 何玲. 如何斩断个人信息泄露的利益链？[J]. 中国信用，2018（12）：15.

② 郭兵、杭州野生动物世界有限公司服务合同纠纷二审民事判决书［EB/OL］.（2021-11-24）. http://wenshu.court.gov.cn.

决生效后的十天内履行。同时，二审法院还要求野生动物世界删除郭某在办理指纹年卡时提交的包括照片在内的面部特征信息以及指纹识别信息。该案的起因可以追溯到2019年4月，郭某支付了1360元购买野生动物世界的"畅游365天"双人年卡，并确认了采用指纹识别的入园方式。郭某和他的妻子录入了姓名、身份证号码、电话号码等信息，并进行了指纹录入和拍照。然而，在2019年7月和10月，野生动物世界两次向郭某发送短信，通知他们需要激活人脸识别系统，否则将无法正常入园。郭某认为人脸信息属于高度敏感的个人隐私，不同意接受人脸识别，并要求园方退还年卡费用。由于双方未能协商成功，郭某于2019年10月28日向杭州市富阳区人民法院提起了诉讼，最后胜诉。人脸识别技术是一种基于人的脸部特征的技术，通过摄像机或摄像头采集含有人脸的图像或视频，并自动在图像中检测和跟踪人脸，进而对检测到的人脸进行脸部识别。近年来，人脸识别技术的普及程度逐年增加。相比其他生物特征识别技术，人脸识别技术具有使用简单、获取方便、结果直观、非接触验证以及良好的可扩展性等许多优势。因此，该技术已被广泛应用于金融、保险、教育、电子商务等领域，特别是在新冠疫情的大背景下，由于人脸识别设备可以与测温设备完美融合，在体温监测的同时，可以同步上传个人信息，与行程数据库、健康码数据库信息进行比对，准确识别通行人员是否为高风险人员，实现"一机二用"，使得相关设备快速地广泛运用于商场、办公楼、居民住宅等入口处。然而，在技术便捷我们生活的同时，多起由人脸识别引发的纠纷为我们每个人敲响了警钟，由于面部特征具有终身唯一且无法改变的特点，一旦泄露，后果十分严重。2021年的"3·15"晚会，开篇就重点报道了科勒卫浴、宝马、MaxMara商店等安装人脸识别摄像头，搜集海量的人脸信息，该人脸识别摄像头可以在顾客不知情的情况下抓取包括性别、年龄在内的个人信息，进行精准营销，滥用人脸识别技术的势头愈演愈烈。因此，如何找到一个科技进步方便大众与个人隐私保护之间的平衡点，成为摆在政府和我们每个人面前的难题。

　　人脸识别信息属于"公民个人信息"的范畴，应当得到法律的保护，滥用人脸识别技术，可能面临较大的法律风险。《民法典》已于2021年1月1日起施行，作为新中国第一部以"法典"命名的法律，《民法典》具有里程碑式的意义，被誉为"社会生活的百科全书"。《民法典》聚焦现实社会的热点、难点，内容丰富鲜活，每一个条文都关乎社会生活的方方面面和我们每个人的衣食住行，规范了各类民事主体的人身关系和财产关系，从基本原则到具体法条、从公民权利到市场经济、从私人生活到人格权利、从出生到死亡，《民法典》影响着我们每个人的生活。我国《民法典》第一千零三十四条就明确规定，个人信息是以电子或者其他方式记录的能够单独或者与其他信息结合识别特定自然人的各种信息，包括自然人的姓名、出生日期、身份证件号码、生物识别信息、住址、电话号码、电子邮箱、健康信息、行踪信息等。该规定明确将人脸信息为代表的生物识别信息纳入了个人信息的保护范畴，并规定了处理个人信息，应当遵循"合法、正当、必要"的原则。早在2017

年实施的《网络安全法》第四十一条也规定，网络运营者收集、使用个人信息，应当遵循合法、正当、必要的原则，公开收集、使用规则，明示收集、使用信息的目的、方式和范围，并经被收集者同意。《个人信息保护法》第二十六条规定，在公共场所安装图像采集、个人身份识别设备，应当为维护公共安全所必需，遵守国家有关规定，并设置显著的提示标识。所收集的个人图像、身份识别信息只能用于维护公共安全的目的，不得用于其他目的，取得个人单独同意的除外。此外，2020年修订的《信息安全技术个人信息安全规范》中，特别新增了用户画像的使用限制、个人信息处理活动记录等多项内容，明确规定个人生物识别信息属于敏感信息，在收集前，需单独向用户告知收集、使用个人生物识别信息的目的、方式和范围以及存储时间等规则，并应征得用户的明示同意。该规范确定了个人信息在收集、存储、使用、共享、转让与公开披露等信息处理环节中的相关行为，旨在遏制个人信息泄露，最大限度地保护个人的合法权益和社会公众利益。在刑事司法领域，滥用人脸识别技术，也会面临极大的法律风险。早在2015年颁布的《刑法修正案（九）》中，就扩大了侵犯公民个人信息罪的犯罪主体和个人信息的范围。2017年，针对个人信息保护领域出现的新形势和新情况，最高人民法院、最高人民检察院出台了《关于办理侵犯公民个人信息刑事案件适用法律若干问题的解释》，其第一条就规定了"公民个人信息"是指以电子或者其他方式记录的能够单独或者与其他信息结合识别特定自然人身份或者反映特定自然人活动情况的各种信息，包括姓名、身份证件号码、通信通讯联系方式、住址、账号密码、财产状况、行踪轨迹等。

人脸识别技术越来越多地得到了主流媒体的广泛关注，也在司法领域得到了广泛的回应。据统计，目前，我国已有40多部法律和部门规章、近百部地方性法规和规范性文件涉及人脸识别技术，共同规划了技术进步的"法治轨道"。目前，《个人信息保护法》《数据安全法》已经颁布实施。相信在不远的未来，随着配套制度的不断完善，人脸识别技术的使用规则将会得到进一步细化，为我们每个人筑牢保护个人信息的法律之墙。

网络背景下危机四伏的个人信息安全问题的危害性，以及个人信息安全问题多发的一些重要层面，公众仍处于"安然忽略"的状态。据调查，这些危机主要表现在以下几个方面。

第一，关于信息泄露事件高发的原因，公众对处于隐性、趋势性的选项普遍认识不足。有统计显示，目前国内的智能手机用户中使用微信的"微民"已达4亿，基本是都市人的全部。这4亿微民，平均每4分钟就会低一下头，查看手机微信。① 而"让物价回到十年前"的淘宝，地球上的中国人已经无法离开。2017年，"双十一"仅支付宝成交额就超过900亿元，我国消费者单日网购纪录再创新高。② 事实上，无论是通过微博、微信等社交平台"晒"心情，关注、评论他人，还是安享网络购

① 付小颖. 大数据时代个人信息安全保护对策［J］. 河南农业，2014（12）：15.
② 李雨佳. 总体国家安全观视域下个人信息保护研究［D］. 武汉：中共湖北省委党校，2018.

物便利、坐等快递将心仪物品送上门，现代人的网络生活时刻都存在泄露个人信息的可能性。你的微博会莫名"被关注"了一些淘宝商家，你会收到广告商根据你的消费习惯"精确打击"的推销信息，你会收到各类垃圾短信和推销电话，甚至被伪装成好友、掌握你子女相关信息的犯罪分子诈骗。但对于目前处于隐性、趋势性的信息泄露事件发生的原因，公众仍然明显认识不足。2014年网络调查显示，只有34.88%的公众意识到"数据财富化进程加速"是导致信息泄露事件频发的主要背景，54.94%的公众认为"信息安全技术发展滞后"是导致数据信息暴露的原因，特别是仅有8.72%的公众认为境外网络攻击是导致信息泄露事件的主要原因。① 据《2012年中国互联网网络安全报告》显示，2012年我国境内有超过1400万台主机受到境外木马或僵尸网络的控制，相比2011年增长近六成。仅2013年上半年，中国国家计算机网络应急技术处理协调中心CNCERT/CC共向国际网络安全应急组织和其他相关组织投诉1760起。其数字表明，中国是境外网络攻击的最大受害国之一，但调查结果显示这一原因几乎被广大公众忽略，这凸显公民对当前的信息安全缺乏相应足够的认识，信息安全的总体态势、发展动向等知识有待普及。

　　第二，相对于隐私权，公众对信息泄露可导致的财产权损害感知度较低。传统个人隐私保护方式是一种用户授权模式。大数据时代到来后，传统的数据保护方式失效了，个人数据的

---

① 汪仲启，潘圳. 当科技和城市化"相遇"［N］. 社会科学报，2014-01-13.

权利边界模糊了。① 公众对信息泄露造成隐私权、财产权、名誉权、生活秩序等不同方面损害的感知度不高，而对"个人财产安全相关"数据安全的重要性，正引起公众较多关注。

第三，公司经营、财务等数据信息安全问题被忽略。为了解信息泄露多发的领域，公众不了解大数据时代富有诸多研究利用价值的数据信息，在生活中不能明确感到受侵犯。与社会交往相关的邮箱、微博账号、电话、职位、好友信息等数据都成为人们最关注的焦点，人们对公民的年龄、性别、身份证号等数据也很感兴趣，与购物记录、品牌偏好、会员信息等相关的信息泄露也引起了公众较高关注。而公司经营、财务等数据信息却极少涉及。大量数据的汇集不可避免地加大了用户隐私泄露的风险。事实上，数据信息攫取者会最大限度地收集更多有用信息，比如社交网络、邮件、微博、电子商务、电话和家庭住址等信息，大数据分析使其数据挖掘更加富有力度、分析精准。一些企业的"内鬼"更是将海量个人信息非法窃取并打包出售给信息中介机构和个人，进而再转手贩卖给销售企业、调查公司、网络犯罪团体等。因此，被人们忽略的企业信息挖掘恰恰成为大数据时代一些人获取高额利益的利器。企业应在大数据时代中，尽早构造适合自己的"防护盾"。在信息社会发展一日千里，以生物信息识别技术为手段的考勤打卡设备以及其他各种监督监视设备愈发精密化的背景下，用人单位为促进劳动力的高效利用而竭尽所能地搜集获取最多最全面的劳动者信息。由于劳动关系的从属性、持续性、依赖性等特点。用人单位滥用权力对劳动者的个人信息进行广泛收集，已经严重

① 付小颖. 大数据时代个人信息安全保护对策 [J]. 河南农业，2014（12）：15.

超出了合理的范围，对劳动者的个人信息和隐私权益造成了侵害。对于劳动者个人信息的保护重点在于平衡用人单位权益和劳动者权益。劳动者权益事关国计民生，因此，随着社会发展我们要逐渐重视对劳动者精神方面的保护，维护劳动者在工作中的尊严和人格。[①]

第四，个人对信息安全主动保护、企业对加强数据安全投入意识明显不足。与公民个人信息相关的大数据应如何保护，防止用户信息外泄还没有成为人们关注的焦点，而打击售卖个人信息的不法商家或机构的力度不大，提高社会公众的个人信息保护意识任重道远。在各类社交活动中注意保护个人信息和在消费时注意保护个人信息的认知需要大大提高。不论"防止用户信息外泄"还是"打击不法商家"，都需要保证信息的挖掘、使用合法合规。大数据是一种资源，关键看资源掌握在谁手里，开发出来做什么事情。在合法、安全、尊重数据所有者权利的前提下，实现数据分享，创造数据价值，这才是"大数据时代"真正的魅力。而不论信息是否被合理使用，只要公众自身将关键信息暴露于互联网，其就已经成为"大数据"的一部分，就已经为信息被利用提供了可能性。所以，"提高公众自身保护意识"，才是保护个人信息安全的最根本的途径。在相应立法尚未完善之前，保护与个人信息相关的大数据，公民必须着眼于自身保护意识和保护能力的提高，防患于未然。

第五，现代信息技术环境下收集和滥用个人用户信息的主体众多、渠道隐蔽，导致个人用户的举证难度极大，即便举证

---

① 尚西亚. 论劳动者个人信息的法律保护 [D]. 桂林：广西师范大学，2022.

成功，在请求损害赔偿时也难以评估和证明个人的实际损失。[①]信息安全被侵害的公民和组织放弃权利救济的直接后果，是减少了侵权者的违法成本，也损害了公众的整体社会利益。

第二节　我国个人信息保护法的体系

一、个人信息保护法的立法现状

新中国成立以来制定法在我国法律体系中一直处于主导地位，立法者对名誉、肖像、姓名以及财产等利益的保护更是主要通过《中华人民共和国民法通则》等正式制度来实现，因此，我国权利保护进程已对制定法形成路径依赖。[②]2018年9月10日，全国人民代表大会网站公布了《全国人民代表大会第十三届常务委员会立法计划》。69项法律草案被列入第一类。同年，全国人大常委会法制工作委员会会同中央网络安全和信息化委员会办公室，着手研究起草个人信息保护法草案。

在起草过程中，认真梳理研究近年来全国人大代表、政协委员提出的建议，召开座谈会听取部分全国人大代表的意见；委托专家组开展专题研究，搜集整理国内外立法资料，形成研究报告；通过多种方式深入调研，广泛征求有关部门、企业和

---

① 惠志斌. 大数据时代个人信息安全保护［N］. 社会科学报，2013-04-11.

② 李仪. 论电子商务环境下的消费者个人信息权制度：一个以新制度经济学为主的视角［J］. 消费经济，2009（10）：1.

专家等各方面意见。2018年8月份，中国华住集团又发生了5亿条个人用户信息泄露事件。^①这些案件，充分说明我国个人信息保护的严峻形势。当时，法律法规在保护个人信息方面已经发挥了很大作用，但它们基本都是末端治理的制裁性规范，而非源头治理的引导性规范。2020年10月13日，十三届全国人大常委会第二十二次会议首次审议了个人信息保护法草案。2021年8月17日，十三届全国人大常委会第三十次会议审议了个人信息保护法草案。

　　2021年新《个人信息保护法》出台。全文涵盖了八章七十四条内容。分别为总则、个人信息处理规则、个人信息跨境提供的规则、个人在个人信息处理活动中的权利、个人信息处理者的义务、履行个人信息保护职责的部门、法律责任和附则。第一章总则（12条），第二章个人信息处理规则（25条），第三章个人信息跨境提供的规则（6条），第四章个人在个人信息处理活动中的权利（7条），第五章个人信息处理者的义务（9条），第六章履行个人信息保护职责的部门（6条），第七章法律责任（6条），第八章附则（3条）。本法的要点归纳如下：对适用范围也重新做了界定。境内：组织、个人在中华人民共和国境内处理自然人个人信息的活动，适用本法。有下列情形之一的，也适用本法：以向境内自然人提供产品或者服务为目的；分析、评估境内自然人的行为；法律、行政法规规

---

① 2018年8月28日，中国华住集团旗下所有酒店近5亿用户数据均被泄露. 成为2018年的个人信息泄露的典型重大案例（见搜狐网2018年9月3日报道：《华住集团旗下酒店5亿条用户信息泄露背后真实原因是这样的……》）.

定的其他情形。另：境外的个人信息处理者，应当在中华人民共和国境内设立专门机构或者指定代表，负责处理个人信息保护相关事务，并将有关机构的名称或者代表的姓名、联系方式等报送履行个人信息保护职责的部门。

本法个人信息处理规则有：确立个人信息处理应遵循的原则，强调处理个人信息应当遵循合法、正当、必要和诚信原则，具有明确、合理的目的，限于实现处理目的的最小范围，公开处理规则，保证信息准确，采取安全保护措施等，并将上述原则贯穿于个人信息处理的全过程、各环节(第五条至第九条)。确立以"告知—同意"为核心的个人信息处理一系列规则，要求处理个人信息应当在事先充分告知的前提下取得个人同意，并且个人有权撤回同意；重要事项发生变更的应当重新取得个人同意；不得以个人不同意为由拒绝提供产品或者服务。[①] 考虑到经济社会生活的复杂性和个人信息处理的不同情况，本法还对基于个人同意以外合法处理个人信息的情形做了规定(第十三条至第十九条)。根据个人信息处理的不同环节、不同个人信息种类，对个人信息的共同处理、委托处理、向第三方提供、公开、用于自动化决策、处理已公开的个人信息等提出有针对性的要求(第二十一条至第二十七条)。设专节对处理敏感个人信息做出更严格的限制，只有在具有特定的目的和充分的必要性的情形下，方可处理敏感个人信息，并且应当取得个人的单独同意或者书面同意(第二十八条至第三十二

---

① 陈慧娟. 隐私与便捷，如何兼得：关注个人信息保护法草案[J]. 公民与法(综合版)，2020(11)：25.

条)。设专节规定政府行政处理个人信息的规则,在保障政府行政依法履行职责的同时,要求政府行政处理个人信息应当依照法律、行政法规规定的权限和程序进行(第三十三条至第三十七条)。

本法的个人信息跨境提供规则:明确关键信息基础设施运营者和处理个人信息达到国家网信部门规定数量的处理者,确需向境外提供个人信息的,应当通过国家网信部门组织的安全评估;对于其他需要跨境提供个人信息的,规定了经专业机构认证等途径(第三十八条、第四十条)[①]。对跨境提供个人信息的"告知—同意"做出更严格的要求(第三十九条,应告知接收方详细信息,并取得单独同意)。未经中华人民共和国主管机关批准,个人信息处理者不得向外国司法或者执法机构提供存储于中华人民共和国境内的个人信息(第四十一条)。对从事损害我国公民个人信息权益等活动的境外组织、个人,以及在个人信息保护方面对我国采取不合理措施的国家和地区,规定了可以采取的相应措施(第四十二条、第四十三条规定,国家网信部门可以将其列入限制或者禁止个人信息提供清单,予以公告,并采取限制或者禁止向其提供个人信息等措施)。

本法对个人信息处理活动中个人的权利和处理者义务与《民法典》的有关规定相衔接,明确在个人信息处理活动中个人的各项权利,包括知情权、决定权、查询权、更正权、删除权等,并要求个人信息处理者建立个人行使权利的申请受理和处理机制(第四十四条至第五十条)。明确个人信息处理者的

---

① 王亦君,焦敏龙. 个人信息保护法草案首次亮相[N]. 中国青年报,2020-10-11.

合规管理和保障个人信息安全等义务(第五十一条至第五十六条)。按照规定制定内部管理制度和操作规程,采取相应的安全技术措施,并指定负责人对其个人信息处理活动进行监督。定期对其个人信息活动进行合规审计[①];对处理敏感个人信息、向境外提供个人信息等高风险处理活动,事前进行风险评估;履行个人信息泄露通知和补救义务等。明确提供基础性互联网平台服务、用户数量巨大、业务类型复杂的个人信息处理者的义务(第五十七条);建立健全个人信息保护合规制度体系,成立主要由外部成员组成的独立机构,对个人信息处理活动进行监督;遵循公开、公平、公正的原则,明确处理个人信息的规范和保护个人信息的义务;对严重违反法律、行政法规处理个人信息的平台内的产品或者服务提供者,停止提供服务;定期发布个人信息保护社会责任报告,接受社会监督。

本法规定履行个人信息保护职责的部门。个人信息保护职责部门的定义(第六十条)。国家网信部门负责统筹协调个人信息保护工作和相关监督管理工作。国务院有关部门依照本法和有关法律、行政法规的规定,在各自职责范围内负责个人信息保护和监督管理工作。县级以上地方人民政府有关部门的个人信息保护和监督管理职责,按照国家有关规定确定。明确个人信息保护部门的职责(第六十一条、第六十二条)。个人信息保护部门可以采用的措施,包括询问、查阅、复制资料、现场检查、检查设备及物品、查封或者扣押、约谈主要负责人、进行合规审计等(第六十三条、第六十四条)。对个人信息违

① 朱宁宁. 个人信息保护法草案首次亮相[N]. 法治日报, 2020-10-13.

法活动的投诉、举报及处置进行规定（第六十五条）。

本法规定了违反个人信息的法律责任（第六十六条），责令改正，给予警告，没收违法所得；拒不改正的，并处一百万元以下罚款；相关责任人：一万元以上十万元以下罚款；情节严重（第六十六条），责令改正，没收违法所得；五千万元以下或者上一年度营业额百分之五以下罚款；责令暂停相关业务、停业整顿、吊销相关业务许可或者吊销营业执照；相关责任人：十万元以上一百万元以下罚款；存在违法行为的依照有关规定记入信用档案，并予以公示（第六十七条），政府行政不履行保护义务的处罚进行规定（第六十八条）。个人信息侵权行为的归责原则为过错推定（第六十九条）。个人信息主体可以对侵权行为发起集体诉讼（第七十条），与治安管理、刑法相衔接（第七十一条）。

本法的热点聚焦，因为涉及面广、影响范围大、发生频率高，广大人民群众苦"个人信息滥用"久矣，因此本法第二十四、第二十六条专门针对个人信息的滥用这一社会热点问题进行了明确规定。

第一，高度关注新技术新引用。

《个人信息保护法》第二十四条规定，个人信息处理者利用个人信息进行自动化决策，应当保证决策的透明度和结果公平、公正，不得对个人在交易价格等交易条件上实行不合理的差别待遇。通过自动化决策方式向个人进行信息推送、商业营销，应当同时提供不针对其个人特征的选项，或者向个人提供便捷的拒绝方式。通过自动化决策方式做出对个人权益有重大影响的决定，个人有权要求个人信息处理者予以说明，并有权拒绝个人信息处理者仅通过自动化决策的方式做出决定。① 针对当前社会各方面对于用户画像、算法推荐等新技术新应用高度关注，对相关产品和服务中存在的信息骚扰、"大数据杀熟"等问题，《个人信息保护法》立足于维护广大人民群众的网络空间合法权益，对利用个人信息进行自动化决策做出针对性规范，明确要求提供个人拒绝的选项。

第二，针对公共场所安装摄像头有了明确规定。

《个人信息保护法》第二十六条规定，在公共场所安装图像采集、个人身份识别设备，应当为维护公共安全所必需，遵守国家有关规定，并设置显著的提示标识。所收集的个人图像、身份识别信息只能用于维护公共安全的目的，不得用于其他目的；取得个人单独同意的除外。② 人脸识别是人工智能技术的重要应用，在为社会生活带来便利的同时，其所带来的个人信息保护问题也日益凸显。"3·15"晚会曝光人脸识别技术滥用乱象、"我国人脸识别第一案"中强制顾客激活人脸识别系统等，体现出人脸识别技术广泛应用与个人信息保护的矛盾日益尖锐。《个人信息保护法》做了明文规定，只能用于公共安全。

我国"十四五"规划、"新基建"等政策将持续深入推进数据要素安全管控和市场化，提升社会数据资源价值。信息化

---

① 战宝茹. 大数据"杀熟"行为的法律规制探析［D］. 烟台：烟台大学，2022.

② 殷凯璐. 数字时代人脸识别技术法律规制研究［J］. 学术论文联合比对库，2022(7)：31.

时代，个人信息保护已和广大人民群众最现实的利益息息相关。未来，数据安全及个人信息保护能力将成为政企数字化转型成果的"试金石"。随着《数据安全法》《个人信息保护法》等法律实施，表明我国数据安全保护已进入法制化时代，更是国家安全战略的核心部分。

我国《个人信息保护法》的十大亮点：（1）确立个人信息保护原则。个人信息保护的原则是收集、使用个人信息的基本遵循，是构建个人信息保护具体规则的制度基础。（2）规范处理活动保障权益。《个人信息保护法》紧紧围绕规范个人信息处理活动、保障个人信息权益，构建了以"告知—同意"为核心的个人信息处理规则。（3）禁止"大数据杀熟"。规范自动化决策当前，越来越多的企业利用大数据分析、评估消费者的个人特征用于商业营销。（4）严格保护敏感个人信息。值得关注的是，《个人信息保护法》将生物识别、宗教信仰、特定身份、医疗健康、金融账户、行踪轨迹等信息列为敏感个人信息。（5）规范政府行政处理活动。为履行维护国家安全、惩治犯罪、管理经济社会事务等职责，政府行政需要处理大量个人信息。保护个人信息权益、保障个人信息安全是政府行政应尽的义务和责任。（6）赋予个人充分权利。《个人信息保护法》将个人在个人信息处理活动中的各项权利，包括知悉个人信息处理规则和处理事项，同意和撤回同意，以及个人信息的查询、复制、更正、删除等总结提升为知情权、决定权，明确个人有权限制个人信息的处理。[①]（7）强化个人信息处理者义务。

----

① 陈建. 现代信用卡管理［J］. 学术论文联合比对库，2022（1）17.

个人信息处理者是个人信息保护的第一责任人。（8）赋予大型网络平台特别义务。互联网平台的服务是数字经济与传统经济的一个重要区别，它赋予了大型网络平台特殊的责任。这些平台为商品和服务的交易提供了多项功能，包括技术支持、交易场所、信息发布和交易撮合等服务。（9）规范个人信息跨境流动。随着经济全球化、数字化进程的推进以及我国对外开放政策的扩大，个人信息的跨境流动变得越来越频繁。然而，由于地理距离的遥远以及不同国家间法律制度和个人信息保护水平的差异，个人信息跨境流动的风险正在加剧。①（10）健全个人信息保护工作机制。根据实际个人信息保护工作的需要，《个人信息保护法》明确规定，国家网信部门和国务院有关部门负责在各自职责范围内开展个人信息保护和监督管理工作，同时，对个人信息保护和监管职责做出规定。②

　　《网络安全法》也为网络信息的收集和控制规定了许多行政内容，但从个人信息保护的角度看，该法的适用范围有限。本法的内容不能包括电信部门、互联网行业、铁路、银行、学校、商场、医院、个人等所有收集个人信息的政府部门。其他一些法律也有关于个人信息保护的规定，但是简单不全面。我国《中华人民共和国刑法》（以下简称《刑法》）只规定了信息犯罪和处罚的规则。《刑法修正案》也没有关于信息犯罪处罚的详细规定。当然，在立法中，我们应该准确界定什么是个

① 赵嵱含，潘勇. 我国跨境电子商务政策分析：2012—2020［J］. 中国流通经济，2021（1）：15.

② 参见《个人信息保护法》。

人信息，而不包括个人隐私，以避免立法误区。在《个人信息保护法》中，法定许可机构或个人取得他人信息后，信息持有人与信息所有者之间的权利义务才是立法的核心环节。所涉及的法律问题需要通过各种法律学科的共同力量来解决。关于个人信息保护中的民事责任，我们认为应建立普遍的严格责任制度，并在很小的程度上减少侵权人的抗辩理由。另外，在信息泄露者和利用信息侵害者之间，应该首先建立由信息泄露者对受害人赔偿的法律规则。如果能够建立这样的规则，大多数信息泄漏问题就能够得到解决。截至目前，世界上已有115个国家颁布了《个人信息保护法》，其中欧盟统一立法和美国分权立法是两种模式。

二、个人信息保护法的分类

（一）民事特别法

根据我国学者的观点，《个人信息保护法》可以被归类为私法，属于民法的范畴。然而，德国著名学者沃尔夫、施托贝尔等则认为《个人信息保护法》属于行政法。他们根据行政机关处理个人信息的角度对个人信息保护法的性质进行了认定，认为纵向的信息处理关系和横向的信息处理关系在个人信息保护中具有同等重要的地位。鉴于行政机关在处理和利用个人信息的过程中所占比重较大，《个人信息保护法》的大部分内容都是关于调整和规范纵向信息关系的。①《个人信息保护法》在不同学者的观点中被归类为私法或行政法，这取决于他们的视

---

① 丁洁. 论个人信息的立法保护［D］. 济南：山东大学，2010.

角和重点。这种分类反映了不同国家和学术界对《个人信息保护法》性质的不同解读。《个人信息保护法》所调整的除了平等主体之间的人身与财产关系（譬如商事主体为了提高经营效益而收集与传输客户个人信息）之外，还包括公权力机关与被管理者之间的管理与被管理关系（譬如计生部门为了进行人口普查而调取户口信息）。因此，该法的调整对象跨越了公法法律关系与私法法律关系，不能被视为一个单独的部门法。学界一般将类似于《个人信息保护法》这样针对一类社会问题而制定，调整对象横跨两个甚至多个领域的法律规范称为领域法。著者认为《个人信息保护法》属于领域法。虽然德国学者和政府主张《个人信息保护法》是行政法，但这并不能否认行政法规范和民事规范平分德国法之秋色的基本事实。德国资料法的主干内容是"第二部分"和"第三部分"，其中，"第二部分"是关于"政府行政的资料处理"，属于行政法规范；而"第三部分"是关于"其他机构和参与竞争的公法上的企业的资料处理"，属于民事法律规范。在具有英美法系传统的国家和地区的个人信息保护立法中[①]，一般不区分政府行政与其他机构，统一立法规范。

（二）权利法

这一观点更倾向于认为《个人信息保护法》的保护主体为信息主体而非信息管理者，其该法最基本的职能是确认信

---

① 《欧盟个人资料保护指令》第32条说明表明，第2条定义"信息管理者"中的"公共机关"是指为了公共利益或职务权限内执行任务的公共行政机关或受公法管辖的自然人和法人。

息主体的权利并提供保护途径。《个人信息保护法》旨在保护个人在公法和私法上的权利。[①] 公法上的权利主要涉及政治生活中的权利，而私法上的权利主要体现为对个人人格权的保护。《个人信息保护法》以权利为核心，在横向信息处理关系中，特别是涉及个人的精神性人格权利容易受到损害。[②] 因此，《个人信息保护法》的立法目的是通过规范信息管理者的信息收集、处理和利用行为，以保护自然人的人格利益。从这个角度来看，《个人信息保护法》的目的是保护信息主体的人格权利，同时限制信息管理者的财产权利。德国的《个人资料保护法》（以下简称德国《资料法》）明确提出其立法目的是保护个人人格权。该法的第一条规定："本法旨在保护个人的人格权，使其不因个人资料的处理而遭受侵害。"因此，《个人信息保护法》既是保护个人公法权利的规范，也是保护个人私法权利的规范。

（三）强行法

大陆法系和英美法系普遍认为《个人信息保护法》是强行法。这一观点反映了两大法系在相互借鉴中逐渐融合，并且也反映了各国对于个人信息保护的重视程度。私法是一种任意法，而公法大多是强行法。作为一个领域法，《个人信息保护法》的公法规范属于强制性规范，[③] 而其中的私法规范也包含了许多强制性规范，不能由当事人任意创设或变更。强行法是指

---

① 周红娟. 我国个人信息保护的立法研究［D］. 长春：吉林大学，2010.

② 齐爱民. 论个人信息保护法的地位与性质［J］. 中国流通经济，2009（1）：23.

③ 周红娟. 我国个人信息保护的立法研究［D］. 长春：吉林大学，2010.

以强制性和禁止性规范为主要内容的法律，而任意法则是指以任意性规范为主要内容的法律。强制性和禁止性规范是与任意性规范相对应的概念。① 强行性规范是指法律规定的权利和义务不允许当事人任意变更的法律规范。

第三节　个人信息权与信息自由权的冲突与协调

一、个人信息权

个人信息权是指自然人依照法律对其个人信息进行控制和支配的排他型权利。在性质上，个人信息权属于人格权的范畴，但在客体、内容和行使方式等方面又与传统的具体人格权有所区别，发挥着独一无二的作用。② 同时，设立个人信息权制度也有利于实现《个人信息保护法》的立法目标。如前所述，保护人格利益和实现信息自由是《个人信息保护法》立法者需要兼顾的两种价值。如何在二者之间实现协调共存将是立法者和司法者的核心任务之一。按照大陆法系国家（包括我国）的传统思维，对自由范围进行明确和具体界定的常用方式是通过法定手段确立保护自由的民事权利的要素，例如主体权利、客体权利和内容权利等。既然信息自由权无法在民法规范中得到

① 周红娟. 我国个人信息保护的立法研究［D］. 长春：吉林大学，2010.

② 何永东. 网络背景下个人信息法律保护的困境与出路［J］. 法制与社会，2012（5）：15.

确立，我们应当着重构建个人信息权制度。正如王泽鉴先生所说，当某种法益在现实生活中具有相当重要性时，"可以通过立法直接赋予它法律效力，或者通过判例学说间接赋予它法律效力，使其成为一项权利"。[①]从认知论的角度来看，对权利进行定性直接关系到对其保护方式的选择。

由于人们对客体个人信息的认识不同，对个人信息权也做出了不同的定性。譬如有的学者在隐私说的基础上认为，个人信息权是隐私权；另外一些学者在财产说的基础上进一步认为，个人信息权是财产权的一种。[②]但著者认为，个人信息权是人格权。个人信息权是个人对其信息的控制、处理与利用的决定权，而个人信息是人格利益。由于个人信息在交易过程中，涉及财产利益。个人信息不是物，肖像、隐私等人格利益都有财产价值，但并不因为它们有财产价值就成为财产法的客体。隐私的范围远远小于个人信息的范围，个人信息权不可能和隐私权等同。

二、个人信息权与信息自由权冲突的调和

个人信息权与信息自由权之间的冲突的调和，成为我国个人信息保护法立法中必须解决的问题。北美与欧盟在各自的立法与司法体制以及不同理念的影响下，分别采用了两种截然不同的进路，我们不妨借鉴参考之。北美国家的高级法院法官在

---

① 齐爱民，李仪. 论利益平衡视野下的个人信息权制度：在人格利益与信息自由之间 [J]. 法学评论，2011（5）：13.

② 汤擎. 试论个人资料与相关法律关系 [J]. 华东政法学院院报，2000（5）：45.

审理相关案件时，依照具体情况，以及社会一般观念和公理等尺度来衡量，决定是否限制个人信息主体的人格利益以实现信息自由。根据先例拘束原则，法官的裁决结果和理由成为下级法院调和冲突的标准。迄今为止，影响较大的标准包括：一是被处理个人信息的性质，即对处理与隐私相关的个人信息给予更严格的限制；二是个人信息本人的身份，即处理公众人物个人信息的行为受到的限制条件较非公众人物少；三是处理个人信息的目的，而为实现公众知情等目的而进行的处理行为会得到更多保护；四是处理行为对人格利益的威胁或影响，影响越大，受到的限制程度也越大。①

我国应当根据比例原则来平衡个人的人格利益和信息自由。为了平衡保护人格利益和信息自由，我国应当通过立法设立个人信息权制度，使个人能自由支配个人信息并排除他人的侵害。这不仅仅是根据自然法学思维进行价值和利益思辨得出的结论。

---

① 齐爱民，李仪. 论利益平衡视野下的个人信息权制度：在人格利益与信息自由之间[J]. 法学评论，2011（5）：13.

第二章　个人信息处理和危机

第一节　个人信息处理的措施

个人信息处理，是指信息管理者针对个人信息进行的能引起特定法律后果的任何操作。个人信息处理可以分为收集、处理和利用行为等。我国新的《个人信息保护法》第四条规定，个人信息是以电子或者其他方式记录的与已识别或者可识别的自然人有关的各种信息，不包括匿名化处理后的信息。个人信息的处理包括个人信息的收集、存储、使用、加工、传输、提供、公开、删除等。

"处理"(processing)一词起源于电子资料处理领域，它指的是对各种资料和信息进行处理的工作。这个概念通常不考虑处理的方式（人工、电子或自动化程序），以及资料保存在何种媒介上（档案文件、索引卡片、表格、穿孔卡片、磁带、硬盘、芯片和光盘等），以及处理的目的是什么（识别、复制、收集、分类、比对或其他用途），以及处理的是什么类型的资料（事务性资料或个人信息）。在立法上，"个人信息处理"可以分为广义和狭义两种情况。英国《资料法》第1条规定，处理是指取得、记录、持有信息或资料，或者对信息或资料进行的任何操作。欧盟指令第2条 (b) 项规定，处理是指通过自动或非自动方式对个人信息进行的任何操作或一组操作，如收集、记录、组织、储存、改编或更改、检索、咨询、利用或通过传输进行公开、传播或使其可利用、排列或组合、封锁、删除或破坏。此为广义上的处理，包括了收集和利用。与之相对的是狭义的个人信息处理。德国《资料法》第3条第 (5) 款规定，处理是指个人信息的存储、变更、传输、封锁和删除，不包括收集和利用。根据狭义的处理的概念，收集、利用与处理是彼此独立的行为。[①] 著者认为，信息管理者应该知道，处理的范围很广，不是限定在一个狭窄的范围，它包括收集、处理、利用个人信息的全部内容。

一、个人信息的收集

个人信息的收集是指为了建立个人信息档案而获取自然人个人信息的行为。在个人信息保护法领域，收集不仅限于通过电脑等自动化方式进行，现实生活中大量个人信息的初步收集仍然使用纸质媒介进行记录和手工操作。德国《资料法》第3条规定，资料收集是指获取信息主体的个人资料。收集是一个法律概念，包括目的要素和行为要素两个方面。目的要素指的是个人信息收集所需具备的目的。

根据是否直接面向信息主体，我们可以将收集分为直接收

---

① 齐爱民. 个人信息保护法研究 [J]. 河北法学, 2008（4）: 5.

集和间接收集。直接收集指直接面向信息主体的收集，包括传统方式的口头询问并记录、信息主体填写表格（书面）及信息主体知情情况下的利用科技手段的收集。间接收集，则指非直接面向信息主体的收集。这里值得特别注意的是，在信息主体不能知情的情况下所实施的收集，如在网上利用软件进行跟踪而取得个人信息，属于间接收集。

以收集过程中是否利用高科技手段为标准将收集分为科技收集与非科技收集。科技方式收集，如摄影机、监听设备、测量仪的使用，指纹、掌纹或脚印的采集及分析鉴定，对个人体液、基因及其他身体组织的检查分析等。

收集的手段包括：第一，要求信息主体提供个人信息。第二，通过聊天室、留言板或其他方式使信息主体个人信息暴露在公共场合，并进行收集。但是在儿童提交个人信息后，予以公开之前，网络管理员对该个人身份信息予以删除，并且同时在管理员记录中也予以删除的不构成收集。第三，利用跟踪技术收集个人信息。这种行为是指利用 cookie 等跟踪技术收集个人信息。

二、个人信息的处理

狭义的处理不包括收集和利用，收集、利用与处理是彼此独立的行为。处理包括存储、变更、传输、封锁和删除。具体来说：第一，储存。储存，依德国《资料法》第3条第5项第1款的规定，"储存，指基于进一步处理或利用之目的，将个人资料纳入、收录或保存于资料媒介"。储存通常是指对个人资料的控制和保留。储存的要件有四：（1）储存进一步分为纳入、收录和保存。纳入含义广泛，包括了光学上和听觉上的信号形式承载于物理的载体之上；收录则指使用仪器设备将获得的信号存录于载体之上，如录音或录像；保存则指将已呈现的信号记录在载体之上，并予以保留。（2）储存的客体必须是个人信息。（3）必须有媒介载体。任何可以储存个人信息的物理载体都可以成为个人信息的媒介载体。（4）目的要素。储存的目的要素是，储存的目的是将来的利用。一般而言，个人信息的储存，并非是为了储存而储存，而是为了利用而储存。第二，变更，是指改变已储存个人信息的内容，包括修正和补充。变更是指改变已储存个人信息的内容，对个人信息载体形式的改变不属于变更。变更和删除不同，但两者也有竞合的部分，对电脑中已存在的个人信息错误部分进行删除，对被删除部分为"删除"，对整体而言为"变更"。第三，传输。传输，是指将已储存的个人信息以一定方式转移给接收人。传输行为包括转移和获取两种：转移就是信息管理者将个人信息转移给接收人；截取是指在信息管理者明确同意的前提下，接收人主动采取技术措施获取信息管理者的个人信息。详述如下：（1）转移。转移是指信息管理者将个人信息传送至接收人的可控制范围。转移的方式主要是个人信息数据库的移交或者内容的移交，对转移的方式并无限制，载体转移、网络传送、传真等，只要可以达到接收人的控制范围即可；（2）获取。获取是指借助自动化流程取得对信息管理者准备传输的个人信息的主动获得。第四，封锁。封锁是指为限制继续处理或利用，采取的使他人不能获得已储存的个人信息的行为。例如，关闭对个人信息进行加密、附加封锁符号等。封锁是德国《资料法》上的概念，英文译为"blocking"。德国《资料法》中对封锁的定义为：指为限制继续处理或利用，而对已储存之个人资料附加符号。我们认为这一概念有违技术中立原则，不可取。将封锁一词引入立法的目的，是为了限制继续处理、利用个人资料，那么就没有必要对限制的方式做出具体的规定，把封锁的方式限制在"附加符号"的行为上。第五，删除。删除，本意是指移去或消除某项记录。在个人信息保护法上，删除是指将已储存的个人信息的全部或一部分清除或抹去，使其不能重现，不能再进行检索。变更和删除的共同点是，对个人信息内容的改变。主要区别在于：变更是以新的内容代替旧的内容，而删除仅是对旧有内容的消除，它不涉及个人信息内容的更新问题。

三、个人信息的利用

个人信息的利用是指个人信息的内部使用、比对或披露。利用和传输不同。传输属于处理，和利用分属于不同的阶段。传输与利用的区别的关键在于：传输是个人信息的跨系统的移转行为，一般表现为双方行为；利用一般是指个人信息在系统内的运用行为，多为单方行为。总的来说，利用包括内部使用、外部使用、计算机比对和披露。第一，内部使用和外部使用。内部使用是指信息管理者内部对个人信息的使用，外部使用是指信息管理者将自己储存的个人信息提供给第三人使用。第二，计算机比对。计算机比对，为内部使用的一种特殊情况。① 计算机比对，也称信息匹配，是指将两个或两个以上储存个人信息的数据库，为了特定的目的进行内容鉴别。一般而言，计算机比对是利用计算机程序进行的，将数据库内的个人信息逐一比对，以对不同数据库中的个人信息相互印证、去伪存真。由于计算机处理速度快、储存量大等特点，海量的个人信息比对对于计算机而言十分轻松，因此，计算机比对很快应用于社会的各个方面。我国并未有法律授权行政机关利用计算机比对公民的个人信息。而通过比对得出的结论，涉及其他的敏感信息（如夫妻间的财产隐瞒、婚外情人等敏感问题）又将如何处理，也无法律依据。在美国，社会大众对美国政府应用计算机比对个人信息的行为有两种相反看法：有些人认为计算机比对行为是一种极有效率的工具，可以用来侦测社会福利计划中的欺诈、错误；有些人则认为政府通过这样的工具，最后终究会对个人生活进行全面性的掌控，因此是对个人隐私的极大侵害。大众的争议引起美国国会的高度重视，美国于1988年通过了《计算机比对行为与隐私保护法案》，对计算机比对资料的行为进行调整。② 第三，披露。披露，是利用的一种，专指以告知或提供查阅等方式将个人信息的内容示知第三人的行为。披露包括合法披露和非法披露。合法与非法同样以收集目的为界限，目的内的为合法披露，目的外的为非法披露。披露还可以分为资料披露和内容披露。个人信息披露和传输不同，传输是指以任何形式个人信息记录转移给第三人，而披露

---

① 张才琴. 论个人信息保护的法律关系 [J]. 求实，2000（11）10.

② 齐爱民. 个人信息保护法研究 [J]. 河北法学，2008（4）：5.

是指将个人信息的内容透露给第三人，并不要求有个人信息记录的转移。

第二节　个人信息的利用

一、政府行政对个人信息的利用

政府行政处理个人信息，往往出于维护公共利益之目的；同时个人信息被处理，使得本人的人格利益受到限制。对于如何在这两者之间寻求一个平衡点的问题，国外立法以及我国部分学者已做出了回应。譬如根据欧盟的要求，各成员国应当通过个人信息法中引入对信息自由的保护问题，为实现此目的按照比例原则的要求排除或者限制个人信息本人的权利。我国应根据比例原则来平衡本人的人格利益与信息自由。

政府行政的收集和处理要件可以分为：第一，必备要件。特定目的要件为政府行政收集和处理个人信息的必备要件。政府行政收集和处理个人信息必须具备特定的收集目的。这个要件的目的在于限制政府行政的权力，制止无故收集个人信息，保护公民的私人生活。此要件反映的是目的限制原则的要求。第二，任意要件。任意性要件是指政府行政收集和处理个人信息，除应具备特定目的要件外，还至少应具备三大选择性要件中的任意一个。选择性要件包括职责范围要件、书面同意要件和无侵害要件：（1）职责范围要件。政府行政收集和处理个人信息应在职责范围内进行。政府行政的职责，是指根据《宪法》或有关组织法的规定，各政府行政自身任务、权限或管辖等范围内所掌管的业务或事项。政府行政职权的划分，是为了各公权力机关行使职权各有依据，不致发生逾越或废弛等事情，政府行政为完成各自职责的内部规划、管理、监督、执行等相关业务，均独力完成，不受外力的非法干涉，也不得逾越或擅自委托、代行使职责。我国现有的国务院及其29个部委和地方行政系统，各自都有组织法或内部规章的权限规定。（2）书面同意要件。书面同意要件是指政府行政收集和处理个人信息之前，应得到信息主体的书面同意的法律要件。该要件应该满足知情、书面和同意三个要件。知情的含义在于知情同意，是指信息主体掌握个人信息处理情况下做出的同意。刻画信息管理者和信息主体之间关系的基本伦理模型是：信息主体基于对个人信息处理详细情况的了解，以及对信息管理者的信任，信任后者会出于正义和良心真诚地遵守他的告知，因而决定将自己的个人信息交由信息管理者控制。信息管理者应该将信息主体的利益放在首位。知情同意是贯穿医学伦理的一个基本原则，后经发展进入个人信息处理领域。其他机构收集个人信息遵守知情同意条件，这是民事法律关系的平等和意思自治原则的基本要求，是信息主体行使自我决定权的前提条件。法律对"同意"的"书面"要求，目的在于敦促当事人郑重行使权利，切勿草率，并可以作为证明和证据使用。在传统方式下，书面一般意味着纸面，或者其他有形的物理载体形式。第三，无侵害要件。无侵害要件是指对在个人信息收集和处理之初，政府行政应对收集和处理进行评估，认为不会侵害当事人权益的，才可以进行个人信息收集。台湾地区相关规定中的"对当事人权益无侵害之虞者"失之过宽，并且较难操作，不论何种形式的个人信息收集，恐怕都事先就保证"对当事人权益无侵害之虞"。单"没有无利益的信息"，每一条个人信息或许无害，但经过计算机比对，将许多信息连接在一起，经过分析和处理，就可能对信息主体造成侵害。《个人信息保护法》正是以防止这种危险和侵害的发生为目的。

政府行政的利用要件是指政府行政利用个人信息必须满足的法律要件，又可以称为一般利用要件。在有些特殊情况下，法律明文规定了一些例外，在这些情况下，允许个人信息的目的外利用。政府行政目的外利用要件是指政府行政在特定目的之外，利用个人信息必须满足的要件，又称为目的外利用要件。

（一）法定要件

法定要件是指政府行政依照法律和政策明确规定，可以进行个人信息目的外利用的要件。这是政府行政目的外利用个人信息的首要条件，这里的法定，包括法律、法规和政策等规定，其目的是为了确保各政府行政依法行事、各司其职的基础上，进行必要的协作和合作，因此被赋予目的外利用个人信息的权力。法律直接规定要件中的法律，包括所有法律、法规的有关规定，并不限于个人信息保护法的规定，包括我国缔结和参加的国际条约的规定。政策是指国家或者政党为实施特定历史时期的任务和执行其路线而制定的活动准则和行为规范。执政党的政策通过法律程序上升为国家意志后就成为国家的政策。我国《民法典》明确规定，民事活动必须遵守法律，法律没有规定的，应当遵守国家政策。

（二）国家安全

国家安全是指一个国家的主权和领土的完整与安全。根据我国《刑法》的规定，我国国家安全包括国家的主权以及现行的政治制度安全。我国《宪法》第28条规定："国家维护社会秩序，镇压叛国和其他危害国家安全的犯罪活动，制裁危害社会治安、破坏社会主义经济和其他犯罪的活动、惩办和改造犯罪分子。"就具体内容而言，国家安全是指国家的独立、主权和领土完整不受侵犯；国家的政治制度和社会制度不受颠覆；国家的统一和民族团结不受破坏；国家的经济发展、科学进步、文化繁荣不受侵害，对外政治、经济、科技、文化等平等互利的交往和交流不受干涉和阻碍；国家秘密不被窃取；国家机构不被渗透；国家工作人员不被策反；等等。

（三）公共利益

公共利益是一个不确定的法律概念，学界也无统一的定义。自从近代民族国家起源，公共利益分化为二：一是社会公共利益。它是在特定的历史阶段，与特定的社会生产力水平、具体的社会生产生活方式以及具体的文化传统相关的。社会公共利益往往淹没在统治阶级利益之下；二是国家制度和国家暴力。统治阶级为维护自身利益而制定的国家制度以及为维系此制度而必需的国家暴力是第二种公共利益。第二种公共利益是第一种公共利益实现的手段。著者认为，部门法上的公共利益，与国家利益和国家安全是相互区分的概念，主要是指社会公共利益，是全体社会成员为实现个体利益所必需的社会秩序。国家制度和国家权力是社会公共利益实现的具体方式。在一个民主国家，民主、法治是公共利益的具体评判尺度。政府行政为目的外利用而促进的"公共利益"，应为"重大"的公共利益，这样可以保障是为了重大的公共利益而牺牲了信息主体的利益，才符合"比例原则"。

（四）避免危险

当政府行政知晓信息主体正在面临生命、身体、自由或财产上的危险，可以超过特定目的而利用个人信息。事关信息主体的重大利益，政府行政可以超越目的限制原则的规定，果断采取措施，通过对个人信息的目的外利用，排除危险，保护信息主体的利益。政府行政为了免除信息主体的危险而进行目的外利用，不要求危险是"重大的"，对于信息主体的一般利益，只要是"紧迫"的，政府行政也可以实施目的外利用；对于危险的排除也不要求"必要的"，只要是紧迫的危险，即可通过其他途径可以排除危险。

（五）维护信息主体权益

信息主体权益既包括法律所规定的权利，也包括一般可能获得的其他利益。政府行政目的外的利用个人信息，是为了促进信息主体权益的实现，非为不法。对信息主体是否有利，应以信息主体有无具体的可获得的利益为判断标准，而不能仅仅以后果——是否得到利益为判断标准。

（六）他人重大危害除外

他人的权益应包括公权利和私权利，既人身及财产等私权和利益，也包括选举等政治权利。为保护他人的权益免受重大的危害，政府行政可以对特定人的个人信息进行处理。此时，政府行政为目的外利用，不是为了保护信息主体的权益，而是为了保护第三人的权益。因此，对第三人权益的保护，信息主体并无"对价"补偿。因此，危害必须以"重大"为标准，并且还要以实际存在的威胁为标准。"必要"应按照比例原则来认定，应认为若不进行个人信息目的外利用，便不能防止对他人权益的重大危害为标准。若非重大危险，即便是紧迫的，政府行政也不应为此而目的外利用信息主体的个人信息。

（七）为学术研究需要

为学术研究目的，并且对信息主体重大权益不构成侵害的，可以处理个人信息。马克思·韦伯指出，一个学者要想赢得社会的认同感，无论就其表面还是本质而言，个人只有通过最彻底的专业化，才有可能具备信心在知识领域取得一些完美的成就。而正是这样的完美成就，推动了人类认识的发展和社会的进步。因此，可以说，学者是社会的大脑。对学术研究的"法外施恩"，是很多部门法共同的作为。最为典型的应属知识产权法，根据各国立法建立的合理使用制度，莫不把学术研究作为合理使用的一个原因，期待能从先前作品的价值之外创造有利于公众的"额外价值"，目的则在于促进科学和有用技艺的进步，进而推动社会的发展。

二、其他主体对个人信息的利用

其他组织和团体收集和处理个人信息必须满足法律的规定条件。纵观全球立法，对其他主体处理个人信息的条件规定比政府行政略为严苛，一般对目的外利用限制较大。其他组织收集和处理个人信息的法律要件包括资格要件、特定目的要件和选择性要件。其他主体处理个人信息应该首先取得或具有法律认可的资格，并经有关主管机关登记。纵观全球个人信息保护立法，对其他机构进行个人信息处理的主张可分为申报主义和许可主义两种。所谓申报主义，也称准则主义，是指其他机构必须向有关主管机关申请，通过有关主管机关的形式审查，并予以登记发给执照后才能收集个人信息所谓许可，是指其他组织向有关主管机关申请，通过有关主管机关依法进行的实质审查，并予以批准、登记并发给执照。征信行业是直接以收集、处理和提供他方利用个人信息为主要业务的行业，危害个人信息的可能性极大，将征信行业与其他机构区别对待有其合理性。根据目的限制原则，其他机构处理个人信息必须遵守特定目的的拘束，不能超越特定目的收集、传输和利用个人信息。然而，在现行的电子商务的境况下，网站对个人信息的收集已经到了几近疯狂的程度，要求网络用户填写各式各样的个人信息，加重了网络用户的负担，也带来了人们对个人信息安全的普遍疑虑。而网站赢利的途径有二：一是广告费用，这个靠点击率来保障；二是个人信息数据库销售费用，这个就要靠个人信息的数量和质量了。

其他主体的个人信息收集和处理，除满足资格要件和特定目的要件外，还需要满足五大选择性要件中的任意一个。信息管理者和信息主体之间最基本的关系：信息管理者控制着属于信息主体的个人信息。也就是说，信息管理者事实上控制着属于别人的东西。一个处理行为，满足了主体要件和特定目的要件的基础上，只要符合以下任一条件，其他主体就可以处理个人信息。

其他主体处理个人信息要件中很重要的是交易关系要件。交易关系要件是指信息管理者和信息主体之间达成了交易关系的，而信息管理者为了交易目的的实现得以收集和处理信息主体的个人信息。成就交易关系，信息管理者处理信息主体的个人信息，其他主体也可以对信息主体的个人信息进行处理。"交易"并不是一个纯粹的法律术语。从交易的过程来看，交易可分为以下几个阶段：第一阶段，即交易前，主要是指交易双方在交易合同签订之前所进行的一些活动，包括双方联络、相互提供信息等。第二阶段，即交易中，指合同阶段。第三阶段，即交易后，主要指在交易双方履行合同后，仍然会存在一定的联系。这三个阶段的行为都构成交易，而基于这三个阶段形成的关系都构成交易关系。从法律角度看，交易形成的以上三种关系可以分为两类：一类是合同关系。该处的合同，并不限于个人信息收集合同，而是泛指一切合同；另一类是类似合同关系，我国台湾地区称为"类似契约关系"。

已公开要件是指信息管理者对信息主体已经公开的个人信息可以进行收集和处理。以是否公开为标准，个人信息可以分为公开个人信息和隐秘个人信息。公开个人信息，是指通过特定、合法的途径可以了解和掌握的个人信息。对于已经公开的个人信息，其隐私利益不复存在，各国立法倾向于在无损于信息主体重大权益的情况下，可用于目的外储存、变更和利用。德国《资料法》关于"资料的储存、变更和利用"条款规定，自一般公众可以获得的个人信息或已公开的个人信息，可以进行目的外的储存、变更或利用，除非信息主体显然享有值得保护的重大利益。

法定要件是指法律和政策明确规定的其他主体收集和处理个人信息的要件。这里的法定，同样包括法律、法规和政策等规定。信息管理者可以依据法律和政策的明确规定，收集和处理个人信息。为了预防洗钱活动，维护金融秩序，遏制洗钱犯罪及相关犯罪，《中华人民共和国反洗钱法》第三条规定："在中华人民共和国境内设立的金融机构和按照规定应当履行反洗钱义务的特定非金融机构，应当依法采取预防、监控措施，建立健全客户身份识别制度、客户身份资料和交易记录保存制度、大额交易和可疑交易报告制度，履行反洗钱义务。"根据该规定，金融机构和特定的非金融机构应建立和健全客户身份识别制度和客户身份资料和交易记录保存制度，这些都是通过个人信息的收集完成的。

从上述要件可知，其他主体对于个人信息的收集有严格的条件限制。商业机构收集消费者的个人信息应该有合同或类似合同，并且还应是为了促进合同的实现收集个人信息，收集范围必须在这个目的范围之内，不得逾越。

其他主体收集和利用个人信息，须取得国家确认的资格。其他主体的主管机关基于法定的重大事由，可以对其他主体利用个人信息予以限制。由于对其他主体的限制，实质是剥夺了其他主体对个人信息的处理和利用权利，因此，非为重大并且法定的事由，主管机关不可以为之。可见，主管机关对其他机构利用个人信息进行限制有四种：第一，国家重大利益。涉及国家重大利益的，主管机关可以限制个人信息利用。第二，国际条约的固定。国际条约或协定有特别规定的，从其规定。第三，接收国条件。接收国对于个人信息的不足，比如没有完善的立法，也没有建立相应的自律保护机制，可能导致信息主体权益损害的，主管机关可以限制传递。第四，法律规避。以迂回的方法，向第三国传递个人信息，其目的是规避本国法律。

三、个人信息的国际化利用

个人信息的国际化利用，是许多国家公约和协定规定的国家义务，是一个成员国必须保障的，如欧盟95指令和WTO的相关规定。然而，个人信息的国际化利用，不仅仅涉及个人权益的保护，而且还涉及国家主权、经济发展等诸多问题的诸多方面。从法律角度看，个人信息的国际化利用涉及的法律很广，涉及国际公法、国际私法、国际经济法和国内法，十分复杂。我国新的《个人信息保护法》也对此做了规定：第一，明确关键信息基础设施运营者和处理个人信息达到国家网信部门规定数量的处理者，确需向境外提供个人信息的，应当通过国家网信部门组织的安全评估。对于其他需要跨境提供个人信息的，规定了经专业机构认证等途径。第二，对跨境提供个人信息的"告知—同意"做出更严格的要求。第三，对因国际司法协助或者行政执法协助，需要向境外提供个人信息的，要求依法申请有关主管部门批准。第四，对从事损害我国公民个人信息权益等活动的境外组织、个人，以及在个人信息保护方面对我国采取不合理措施的国家和地区，规定了可以采取的相应措施。

一般来说，根据不同标准，个人信息国际化利用可以分为不同的种类：第一，网络传输和实体传输。网络传输是指利用网络手段进行的个人信息跨国传输，可以分为有线电系统的传输和无线电系统的传输。利用有线电系统进行个人信息跨国传输是最为常见的一种跨国传输方式。这个过程可以被描述为：信息管理者通过接入本地有线网络，经由全国统一的网络出口和海底光缆，然后接入目的国的有线网络，最终到达目的地的传送方式。这个遥远的路程，在网络上，仅仅几秒钟即可完成。我国利用有线上网的方式进行的传输就是这种方式。无线电系统传输则主要是指通过微波传送和卫星传送等无线方式进行的个人信息跨国传输。瑞典、芬兰等无线电技术十分发达的北欧国家，利用无线上网的方式传递个人信息属于无线传输方式。第二，政府行政之间的个人信息跨国传输和其他机构之间的个人信息跨国传输。政府行政之间的个人信息传输包括两种：一是各国的政府行政之间的个人信息交换，如两国政府互派使节而互相传递外交人员的个人信息等；二是一国的政府行政向国际政府间组织所为的个人信息传输。其他机构之间的个人信息传输也包括三种：一是同一经济实体之间的个人信息跨国传输，如在跨国公司内部，其设立在国外的子公司或分支机构向母公司传输所在国的员工的个人信息以及收集的消费者个人信息等；二是不同的经济实体之间的个人信息跨国传输，如征信所出售所在国的消费者的个人信息给国外的营销机构等；三是政府行政向国际非政府间组织所为的个人信息传输。

个人信息传输就监督制度而言，有两种做法：一种是设立专门的、独立的监督机构。欧盟国家以及我国香港特区采取这种监督体例。另一种是各行业的主管行政机关负责监督，增加监督职能。就我国的现状而言，由各行政主管机关行使监督权更为实际。从长远来看，应设立有独立职权的监督机关。

对于我国权威机关的个人信息跨国传输应当持何种态度问题，学界向来莫衷一是。有的学者认为，为了实现信息自由，应当采用类似于美国的立场与态度，允许个人信息被不加限制地自由流通；而其他学者则认为，为了维护本国民众人格尊严与自由，更是为了维护我国的公共利益，从而反对"信息殖民主义"，应当对个人信息跨国流通采取严格的限制。目前，我国尚没有专门的法律规范回应这一问题，从而给个人信息跨国传输实践活动带来制度性的障碍。

对于在信息自由与人格利益之间如何进行平衡的问题，欧洲国家坚持对信息流通加以严格限制，中国应当根据自身国情制定并实施符合自身要求的规范。如果不对规范加以限制，则会对一国的国家权力与个人权利带来负面影响，极易成为信息殖民主义的牺牲品；如果过多限制，则不利于信息的自由传播，等于固步自封，从而阻碍信息社会的到来。我国立法者与执法者应当在允许信息自由流通与合理限制之间寻求一个平衡点。具体而言，在原则上允许个人信息自由传输的前提下对流通事由、方式与程序等方面进行限制，从而对信息自由、人格尊严以及国家主权等都有利。

第三节　相关处理原则

立法者应当首先界定个人信息处理主体的范围，并对其实施处理的行为加以实体与程序条件的限制，规定在行为实施过程中个人信息本人的权利以及处理主体的义务，最后为防止后者违反义务侵害本人权利设置法律责任制度。我国新的《个人信息保护法》也对此做了相关规定：第一，确立个人信息处理应遵循的原则，强调处理个人信息应当采用合法、正当的方式，具有明确、合理的目的，限于实现处理目的的最小范围，公开处理规则，保证信息准确，采取安全保护措施等，并将上述原则贯穿于个人信息处理的全过程、各环节。第二，确立以"告知—同意"为核心的个人信息处理一系列规则，要求处理个人信息应当在事先充分告知的前提下取得个人同意，并且个人有权撤回同意；重要事项发生变更的应当重新取得个人同意；不得以个人不同意为由拒绝提供产品或者服务。第三，根据个人信息处理的不同环节、不同个人信息种类，对个人信息的共同处理、委托处理、向第三方提供、公开、用于自动化决策、处理已公开的个人信息等提出有针对性的要求。第四，设专节对处理敏感个人信息做出更严格的限制，只有在具有特定的目的和充分的必要性的情形下，方可处理敏感个人信息，并且应当取得个人的单独同意或者书面同意。第五，设专节规定政府行政处理个人信息的规则，在保障政府行政依法履行职责的同时，要求政府行政处理个人信息应当依照法律、行政法规规定的权限和程序进行。

立法者应当在行政法的特殊价值取向与原则的指引下，对行政领域个人信息处理行为进行特殊规制。根据行政权力张力的法理，当行政权力的行使不受或者很少受制约时，其作用空间即会无限扩大，从而危及相对人权利的保障。根据这一原理，为了充分维护作为行政相对人个人信息本人的权利，应当对作为行政主体的个人信息处理人的职权行使活动进行严格限制，具体如下：遵循行政职权法定的理念，对个人信息处理主体进行类型化规定，对每一种主体的资格取得条件进行严格限制；为实现对行政职权行使的监督，赋予专门机关对处理主体的行为进行监管的职权。

一、处理主体

个人信息处理主体，是指以自身意志对个人信息实施收集、传输、接收、存储等行为的活动。按照处理方式不同，其可以被划分为收集主体、传输主体、接收主体以及存储主体等；按照身份差异，其可以被划分为政府行政、作为其他机构的社会组织以及个人。而在行政领域处理个人信息的主体为行政主体，而在我国行政主体主要包括国家行政机关、授权行政组织、委托行政组织，因此个人不包括在行政领域个人信息处理主体范围之内。行政主体依照《宪法》或有关法律的规定，在行使国家职权、对国家各项事务和社会公共事务进行组织、管理和服务的过程中，对有关个人信息进行收集、处理与利用，从而使相当多的个人信息成为政府部分信息的组成部分与重要内容。根据行政权力运行的一般原理，只有清晰界定行政主体的资格及其行使行政权力的条件，才能防止其任意延伸其权力运行的范围，从而有效防止行政主体通过滥用权力侵害行政相对人的合法权益。据此，以法律条文形式限制处理个人信息的行政主体的范围与资格，通过有效监督机制监管其行为，有利于预防其任意对行政相对人的个人信息收集与传输，以保障相对人的人格利益免受行政权的干预与侵害。

基于行政目的处理行政相对人的个人信息，世界各国家与地区形成了主要的两种模式。一种是以欧盟国家为主的政府主导模式。根据这种模式，原则上只有政府部门（即我国行政主体的第一类行政机关）方有处理行政相对人个人信息的职权。例如《欧盟数据保护指令》第3.2规定：原则上"与公共安全、国家安全、防御事务、公共福祉等与国家事务有关的活动以及针对犯罪行为实施的公诉活动等"有关的个人信息处理行为应当由相关领域行政机关实施。例外的只有在特殊情形下（如为紧迫的公共利益）政府部门之外的组织方能行使这一职权。另一种是由中介机构进行市场运作加强政府监管的美国模式。按照这一模式，原则上社会组织也得以基于公共事务管理目的处理个人信息。而我国的隐私以及个人信息保护制度主要是从以德国为代表的欧盟国家引入的，对人格尊严的维护也一直是我国这一领域的根本立法理念。因此，采用欧盟模式有利于将该理念贯穿于我国立法与执法始终，从而维护法制的统一。此外，从法的实施体制来看，通过《宪法》判例的引入以及违宪司法审查机制的确立，美国立法者足以有效地监督行政机关以外的社会组织在个人信息处理过程中的行为，而无须对这些组织的资格加以特殊限制。结合我国现有行政主体制度，得以基于行政目的处理个人信息的行政主体及相应资格包括：（1）行政机关，即国家根据其统治意志，按照《宪法》和有关组织法的规定设立的，依法享有并运用国家行政权，负责对国家各项行政事务进行组织、管理、监督和指挥的政府行政。根据权力法定原则，行政机关在《宪法》和法律规定的职权范围内实施收集与处理个人信息的行为。在一般情况下，行政机关是主要的个人信息处理者。（2）行政授权组织，即根据法律法规授权部分或全部行使行政权力的社会组织。与行政机关不同的是，授权行政组织收集与处理个人信息的职权须来源于法律法规的明确授权，在实施上述行为时该组织须以其自身名义，并对其侵犯行政相对人个人信息权的行为承担相应责任。（3）行政委托组织，即受行政机关委托，在该机关职权范围内依法行使行政权力的社会组织。该组织与行政授权组织同为行政机关以外的社会组织，其实施处理个人信息的权力之前须授权与委托等特殊事由而不能任意为之。

为有效遏制个人信息处理主体滥用其权力侵害行政相对人的个人信息权，在我国设立监督机构为势所必然。关于监督机构的性质、地位与职权，国外代表性的立法例有二：一是美国的联邦法院与州法院例。在该国，主要由作为司法机关的联邦与州法院对行政主体处理个人信息的行为予以监督。美国法院将宪法相关隐私权保护的规定与解释直接加以适用，或者根据英美法系的先例拘束原则比照宪法法院或者上级法院对相关问题形成的判例，以此形成制约行政机关的司法判决。二是法国的行政机关例。在该国，主要由国家信息自由委员会（CNIL）行使监管行政主体处理个人信息的行为之职权。该委员会在法国行政系统中属于独立的行政机关，不受制于其他任何行政机构管辖，该委员会所做出的决定只能由法国行政法院以裁判的形式推翻。由于众所周知的历史与现实原因我国司法监督与纠错机制自来很难切实约束行政权力的运行。因此单靠司法机制很难充分实现行政领域个人信息立法规制的价值理念。而就法国的行政机关例而言，由独立的行政机关对个人信息处理的行为加以监督可以显著提高效率，从而对行政相对人的权益予以及时保护。然而考虑到行政行为效力的非终局性，当监管机构做出纠正行政主体不当处理个人信息的决定时，该决定可能通过司法等程序推翻，从而也不能单独有效地起到制约处理行为保护相对人权益之效。具体而言，一方面由专门的行政机关对所有行政主体的行为进行监督与纠错；另一方面由人民法院行政庭通过行政诉讼程序对该行为进行司法监督。我国对行政主体处理个人信息的行为加以监管的行政机关在地位上应当独立于其他任何地方、行业行政机构以及中央部委，从中央到地方形成上下垂直领导机制，从而保障监管行为的公正与效率。因此，国务院信息委员会可以担当此任。

二、处理条件

首先是实体条件。行政主体处理行政相对人的个人信息应当满足以下实体条件。

第一，处理目的特定。这是行政合法原则在个人信息处理问题上的具体体现。为了贯彻信息自决原则以及维护行政相对人对其个人信息的决定权，在一般情况下行政主体处理其个人信息之前应当征得其同意。然而，考虑到行政行为多针对公共管理事务，而行政主体对个人信息的处理往往与公共利益攸关，因此例外的行政主体得以基于实现与维护公共利益之目的处理个人信息时，则无须经过本人同意。行政主体在以下情形中可以被视为基于公共利益需要而处理个人信息：其一，满足公众对公共事务知情的利益。公民有权知悉公共事务有关的信息，这一权利被称为知情权。立法者通常在行政法中设立政府信息公开制度来保障知情权。当今世界主流国家与地区已通过宪法对知情权加以确认与保护，当作为民事权利的个人信息权与知情权发生冲突时，根据上位法优先适用规则以及公序良俗原则，前者就应当受到限制，其主要表现即行政主体强制收集、传输与存储个人信息。例如,日本地方信息公开条例规定,当个人信息涉及政治参与制度等时,该信息就应当被强制向公众公开。其二,为实现国防、外交、国家公共安全、公共卫生、预防犯罪等目的。根据利益平衡原则,上述情况下出现了较之于行政相对人个人信息权更为重要的利益,此时行政主体得以不经本人许可而强制处理其个人信息。对于这一问题,我国《政府信息公开条例》第9条与第14条也做了规定。然而,其中的不足是明显的:首先,原则上需要经过本人许可例外得以强制处理的仅为"个人隐私"(第14条),这就不当限缩了该规则的适用范围,故建议修改为一切个人信息的收集都适用于这一原则与例外规则;其次,该条例对于可以强制处理的事由界定为"公民、法人或者其他组织切身利益"(第9条)以及"公共利益"(第14条),过于模糊的表述使法律实施者很难判断在何种具体情形下行政主体得以强制处理个人信息。考虑到"知情权"与"公共利益"均有一定模糊性,故立法者不妨考虑用例示的方式将前文讲述事由明确写入条文,再辅之以"其他公共利益"的兜底性条款。

第二,与行政主体职权范围相符。权能表述着行政主体行使权力的方式,权限标志着权力行使的范围,职责表明权限一旦被超出行政主体将会承担的不利后果。因此,只有行政主体在其权限(或职权)范围内实施的个人信息处理行为方能被视为有效。此前,欧盟数据保护指令将以上内容概括为职权原则(或管辖原则)。根据该原则,各行政机关以及授权公务机构或者组织必须在法定或者被授予的职权范围内对个人信息实施收集、传输与利用行为；如果行政主体有超出其职权范围的行为，不但行为无效而且应承担相应行政责任。该条件的确立对我国的现实意义尤为重大。在长期奉行公权至上的我国，政策、行政权替代法律的现象至今仍然普遍存在。要求行政主体处理个人信息的行为必须与其职权范围相符合，正是要在个人信息处理问题上确保各行政主体依法行政、各司其职，从而维护国家机器的良性运行。我国现行规范对这一原则还是有所体现的。

第三，程序条件。程序公正是行政合法与合理之保障，故对于行政主体处理个人信息的行为应当满足必要的程序条件，主要的有：首先，事前示知。"事前"即为处理行为之前，"示知"指将相关事情告知作为行政相对人的个人信息本人。为了便于为事后司法审查提供材料，从而抑止行政主体滥用权力侵害行政相对人，行政行为实施前行政主体应当预先将该行为的依据与理由向相对人预先以要式告知，这就是理由告知制度或称教示制度。这既是行政程序理性的必要要求，也是维护本人对其个人信息决定权之必须。行政主体在处理个人信息之前，应当将以下事项告知作为本人的行政相对人：其一，处理的理据。根据行政程序法的一般法理，应当被告知的理据包括：处理行为的法律依据（包括实体法依据与程序法依据）、事实根据等。其二，行政相对人在其个人信息被收集与处理前后享有的权利以及可以寻求的法律救济途径。其次，就处理行为向监管机构申报。为发挥监督机制的作用从而保障个人信息处理行为的正当性与合法性，行政主体处理个人信息之前应当将处理的依据与事由向监管机构事先申报。譬如法国《个人信息保护法规》第46条规定，当基于权利与自由有"严重与直接侵害"的事情就个人信息收集问题采取措施时，应当向监管机构做出报告。但为保障行政效率，申报的对象应当局限在特定的范围内。因此，对行政相对人人格利益将产生较大影响的处理行为应当申报。这些行为包括：对隐私的收集与存储，需要建立长期的个人信息档案，可能将个人信息通过自动化处理等方式以电子或者网络形式传播，等等。在申报时，应当向监管机构提交有关以下内容的资料：处理的目的、期限、方式、法律依据、事实依据以及本人的情况等。

三、相关主体的权利义务

（一）权利义务的含义

权利义务是立法者对社会关系最为有效的调节器，而权利义务的配置很大程度上要视法律关系主体力量的强弱而定。欧盟立法委员会数据保护工作组在形成《公共机构信息的再利用和个人数据保护的7/2003意见书》过程中探讨此问题时，也曾经出现过分歧。第一种意见倾向于加重处理者的义务并保障个人信息本人的权益，持该意见的代表主要来自爱尔兰、丹麦、西班牙和芬兰等。他们认为，为了使行政行为公正与公开，必须充分赋予本人对其个人信息的各项权利。比如，其必须得知道他们的信息在收集时潜在使用的范围、依据以及可以获取的救济途径等，行政机关也应明确告知他们获得的信息合法使用的形式；另一种意见倾向于限制本人的权益并减轻处理者的义务，持该意见的代表主要来自葡萄牙、德国和意大利等国。他们基于提高行政效率的考虑，认为为了简化繁琐的处理程序，需要适当限制本人对个人信息的控制。这一问题实质在于行政效率与公正、理性等价值的取舍问题。如果坚持行政效率优先，必然会导出为了便利行政主体处理个人信息而限制本人的权利的结论；相反，如果兼顾行政效率与公正、理性，则应当令处理者承担一定义务来确保本人的权利。前面已经论及，在行政领域价值多元化的今天，行政效率亦非唯一甚至最重要的价值，一个缺乏公正与理性的政府与国家绝难固若金汤！在公正、理性等价值的重要地位在行政立法领域日益凸显的背景下，对包括行政权力在内的公权力的约束已成为一个民主与法治国家的要务。也许在法治已延续数年的欧洲，对个人信息本人权益的保护问题无须特别强调，因为在那里民众对抗公权力的手段充分且多样；然而考虑到在我国作为个人信息处理者的行政主体掌握着远多于作为个人信息本人的行政相对人的资源，立法者就需要更多地抑制前者对职权的行使并宣扬后者的行为自由。因此，处理者的义务以及本人的权利制度应当成为行政领域个人信息立法规制的重要内容。

我国过去的法律曾经对此做了规定。根据突发公共卫生事件应急条例，国务院卫生行政主管部门向社会发布突发事件信息时应当及时、准确、全面。《政府信息公开条例》规定，行政机关发现不完整信息的，应当在其职责范围内发布准确的政府信息予以澄清，并与其他信息处理主体沟通、确认以保证所发布信息的正确性；行政机关应当建立健全政府信息发布保密审查机制，明确审查的程序和责任，对拟公开的政府信息进行审查，不得公开涉及个人隐私的政府信息。但是，经权利人同意公开或者行政机关认为不公开可能对公共利益造成重大影响的涉及个人隐私的政府信息，可以予以公开；行政机关应当编制、公布政府信息公开指南和政府信息公开目录，并及时更新，公开不应当公开的政府信息时，应当承担相应责任。但是这些规定的弊端是明显的：（1）以上规范主要从作为行政主体履行义务的角度规定，而没有涉及个人信息本人；（2）现行法将义务主体仅限于行政机关，致使授权与委托行政主体不受以上规则的约束；（3）行政机关履行义务的客体被限于隐私，这就在琐细个人信息遭受侵害时其本人束手无策；（4）以上规范的内容过于笼统，发挥宣示与倡导功能尚可，而若用于约束行政主体的行为还显得具体措施阙如。为展现现代行政法的价值理念，充分保护行政相对人基于个人信息的权益并促使行政主体依法与合理行政，立法者应构建行政相对人在行政领域的个人信息权制度，并完善行政主体的义务与责任制度。

为了克服这些问题，我国新的《个人信息保护法》做了规定，一是与《民法典》的有关规定相衔接，明确在个人信息处理活动中个人的各项权利，包括知情权、决定权、查询权、更正权、删除权等，并要求个人信息处理者建立个人行使权利的申请受理和处理机制；二是明确个人信息处理者的合规管理和保障个人信息安全等义务，要求其按照规定制定内部管理制度和操作规程，采取相应的安全技术措施，并指定负责人对其个人信息处理活动进行监督；定期对其个人信息活动进行合规审计；对处理敏感个人信息、向境外提供个人信息等高风险处理活动，事前进行风险评估；履行个人信息泄露通知和补救义务；等等。[①]

（二）个人信息本人的权利

个人信息本人，在其信息被处理过程中享有的为或不为一定行为的自由即为权利。该权利是个人信息权在行政领域的具体化，其内容主要包括：一般而言，行政相对人得以通过以下方式行使其权利：（1）对其个人信息被处理的依据、目的、范围、期限与方式等事项知情。此前，有的学者将这一内容表述为"知情权"，对此著者不敢苟同。因为享有知情权的主体是一般社会公众而非特定的人（如个人）。（2）对行政主体的违法或者不合理行为加以抗辩。抗辩提出的事由主要是行政主体在处理其个人信息时行为违法或者明显违反行政合理原则。对于前一个事由较容易把握，譬如行政主体超出职权范围、目的违法或者未向监管机构申报。而后一个事由较为模糊，这就需要在实践中由行政与司法机关自由裁量。强调知情与抗辩两项权能，能够为个人信息本人向行政主体查询与个人信息处理相关的事项并提出抗辩从而维护其权益提供依据，从而改变在我国行政相对人与行政主体的信息与力量高度不对称状态下的利益非均衡状态。其个人信息是否以及以何种方式被金融组织以及金融监管机构等主体收集与处理，当保持其个人信息的隐秘状态。（3）其他。譬如原则上得以决定其个人信息是否以及以

[①]　朱宁宁. 个人信息保护法草案首次亮相［N］. 法治日报，2020-10-14.

何种方式被处理，对于过时、错误的个人信息，得以请求收集与处理者更新、更正或者删除，当其个人信息被处理的事由消失或者时限届至，得以请求处理者对信息加以删除或者封锁等。本人为行使其权利，既可以直接向处理者提出异议或者查询、更改、删除以及封锁等请求；也可以提请监管机构查验与纠正。当请求被拒绝或者对于处理决定不服时，个人信息本人既可以请求原受理机关的上一级机关或者主管机关行政复议，对于复议结果不服可以提起行政诉讼；也可以直接提起行政诉讼。然而，行政主体对个人信息的处理往往出于公益目的。根据利益衡量原则以及比例原则，但所实现与维护的公共利益显著大于个人信息本人所享有的人格利益时，后者就应适当受到限制。

（三）个人信息处理者的义务

个人信息处理者，在处理个人信息时应当为或不为一定行为的拘束即为义务。履行义务人应当是一切处理个人信息的行政主体而不仅限于行政机关，客体既包括隐私也包括公开的个人信息。履行方式包括：其一，将个人信息被处理的情况向本人告知。告知的内容包括处理机关的名称、处理的方式与手段、处理的依据与目的、被处理信息的范围等，除发生紧急情况告知应当以书面为之。此处的"告知"与前文的"示知"的区别在于，从时间来看示知是在实施处理行为之前，而告知是在处理过程中；从后果看，行政主体不预先示知即不得实施处理行为，而如未告知不意味着处理行为本身违法但会导致行政主体承担一定责任。其二，采取必要措施保证个人信息隐秘、完整、正确以及最新的状态。为维护行政相对人对个人信息享有人格利益的完整与独立，行政主体应当使被处理的个人信息免受非法披露，篡改或者删除。为此，行政主体可以限制可获得的个人信息的总量、类型以及对个人信息的公共记录查询数量，限定在检索个人信息时与应保护的个人信息有关的检索词（如年龄、婚姻状况等），以及降低公共记录系统中以电子形式存在的个人信息的可获得性。其三，当本人就其个人信息被处理的有关事项提请查询，或者就删除、封锁或者更新个人信息提出申请时，给予必要的配合并在符合相关条件的情况下受理并执行。为督促行政主体履行上述义务从而保护行政相对人的个人信息权，应当设置行政主体违反义务后的行政责任制度。责任承担的前提是行政主体在个人信息处理活动中实施了侵犯相对人个人信息权的行为。考虑到行政主体与行政相对人在信息分布与力量对比上的非均衡状态，原则上应当由前者对其未实施侵害行为举证，否则推定其实施从而承担责任。

第四节　其他领域中个人信息的利用

一、个人信息与征税

（一）税收征管

税务管理的重要组成部分之一是税收征管。税收征管是指税务机关根据相关税法规定，对税收工作实施管理、征收、检查等活动的总称。它包括管理、征收和检查三个基本环节，这三个环节相互联系，相辅相成。其中，管理是征收和检查的基础，征收是管理和检查的目的，检查则是管理和征收的补充和保证。根据《中华人民共和国税收征收管理法》和《中华人民共和国税收征收管理法实施细则》等法律法规，税收征收管理遵循以下原则：（1）依法办事，按照规定的税率进行计征；（2）促进生产与组织收入相结合，鼓励企业发展和收入增长；（3）综合群众办税与专业管理相结合，注重平衡纳税人权益与税务管理的需要。[①] 税收法律制度的要素主要包括纳税人、课税客体、税基和税率等。纳税人是直接承担纳税义务的单位和个人，表明国家是向谁征税或者谁直接向国家纳税，包括自然人和法人两类；课税客体是国家征税的对象，表明国家对什么事物征税，包括人身、事实、物品三类，其中物品又分为资源、商品、所得和财产；税基是计算应纳税额的基数，可以根据实物量和价值量进行分类。[②]

（二）个人信息保护

税务机关以及相关部门为了使征税工作顺利地开展，需要对一定时间以及地域内的税基数额进行评估，从而依照税率确定纳税人应当缴纳的税款金额。而以上活动的实施将会不可避免地涉及相关自然人个人信息的收集与分析问题，从而与其个人信息权的维护发生冲突。例如，为了确定重庆市万州区所有

---

① 王磊. 税收征管制度如何完善［N］. 中国商界（下半月），2008-06-15.

② 周菊. 遗产税公平性研究：以计税基础的确定为视角［D］. 重庆：西南政法大学，2015.

中小私营企业负责人的收入，以确定他们年度个人所得税的交收数额，就需要通过财务报告等方式收集其年度收入，并对收集的数据加以分析。企业主以及其企业的年度收益既是征税的重要依据，又因为可存储以及可识别本人从而构成企业主的个人信息。

二、个人信息与海关

（一）海关管理

海关是依法行使进出口监督管理职权的国家行政机关。其职责范围包括对进出口货物、旅客行李和邮递物品以及进出境运输工具实施监督管理，同时征收关税和其他税费。除了关税外，许多国家海关还在进出口环节代征国内税费，例如增值税、消费税和石油税等。此外，一些国家的海关还征收反倾销税、反补贴税和进口商品罚金，并且对走私行为进行查缉。

各国海关部门主要负责打击逃避监管、商业欺诈以及偷逃关税的行为，特别是对走私禁止和限制进出境的货物和物品，尤其是毒品，各国海关都加大了查缉力度。在中国，国务院设立了海关总署，负责统一管理全国的海关。海关机构一般分为海关总署、直属海关和隶属海关三个层级。海关实行垂直领导制度，即隶属海关由直属海关领导，向直属海关负责；直属海关由海关总署领导，向海关总署负责。海关根据《海关法》和其他相关法律法规，在国家赋予的职权范围内独立全权地行使海关监督管理权，不受地方政府和其他部门的干预。

（二）个人信息保护

为实施监督管理以及征收海关税等职能，海关需要对进出口商品的来源地与去向进行调查与审核；而为了查缉逃避监管、商业瞒骗偷逃关税行为，需要对行为人的姓名、年龄、国籍、出生地、主要从业领域甚至生日与爱好、政治信仰等进行收集与整理。从国家意志与利益至上的公法视角考量，上述行为本无可厚非；然而从人格保护优位以及私法自治角度分析，这些行为的肆意实施将会严重阻碍对行为人个人信息的保护，从而干涉到行为人的人格独立、自由与尊严。此外，我国海关实行垂直领导机制，地方政府往往难以对海关的行为加以制约。这在减少对海关系统外部掣肘从而便于提高其运作效率的同时，也使得对海关超出职权与目的范围处理个人信息的违法或者不当行为的制约机制有所欠缺。

三、个人信息与福利

（一）社会福利

广义层面的社会福利是指国家通过政策扶持和社会服务来提高广大社会成员的生活水平，解决他们在各个方面的福利待遇问题。而狭义层面的社会福利则是指对生活能力相对较弱的儿童、老人、残疾人、慢性精神病患者等特殊群体提供社会照顾和服务。[①] 在法律上，社会福利指的是国家根据法律为所有公民普遍提供资金和服务，以保证一定的生活水平和提高生活

---

① 汪霞. 暴力倾向精神残疾人群社会保障状况研究：以南京市 G 区为例 [D]. 南京：南京师范大学，2013.

质量的社会保障制度。一般的社会福利主要涵盖社会服务事业及设施。它包括各个方面的福利待遇，如生活、教育、医疗，以及交通、文化娱乐、体育、艺术等待遇。[①]同时，社会福利也是一种职责，它在社会保障的基础上保护和维系社会组织的生命力。

社会福利制度通常具有以下特点：首先，它具有明确的目的性，每项社会福利计划都是出于明显的功利主义目标，旨在缓解社会上突出的矛盾；其次，它具有制度性和政策性，社会福利是一种服务政策和服务措施，是社会矛盾的调节器；最后，社会福利的对象是普遍性的，它为所有公民提供服务，只要公民符合法律和政策规定的范围，就可以按照规定享受相应的津贴和服务。而且，社会福利不要求服务对象支付费用，福利的利益是单向的。

（二）个人信息保护

个人信息保护与福利事业之间的冲突关系不言而喻。这一事业一般是通过行政授权行为来完成的，按照行政合法原则该行为往往需要经过申请、调查、决定、通知与实施等程序。对福利受益人姓名、年龄、职业、失业记录、家庭状况、婚恋情况以及一定时期内的收入状况等个人信息的收集与处理工作将会贯穿以上程序的始终。福利行政行为实施的目的，是为了保障受益人的生存权；然而，当行政主体擅自处理受益人个人信息从而危及其发展权的人格利益时，我们很难说个人信息收集

---

① 张亮. 新世纪以来我国养老政策发展的研 [D]. 武汉：武汉理工大学，2017.

与处理的行为是完全合法与正当的，特别是在我国目前正逐步进入福利与小康社会的今天，福利行为将会更加广泛与高频率地实施。

四、我国档案管理中的风险

对档案的管理一方面便利了本人、其所在单位以及其他社会主体的社会活动，而另一方面对本人的个人信息权造成了一定的法律风险，尤其是在信息化社会中，这种风险更加显著，其来源主要有以下两个方面。

（一）电子化管理风险

电子档案是将传统纸质档案电子化和网络化的产物。与纸质档案相比，电子档案具有特点如下：（1）电子档案中的信息与载体可以分开存储和呈现，使信息实现数字化和载体实现虚拟化；（2）电子档案具有较强的可复制性，复制件和原件难以区分；（3）电子档案中的信息相对不稳定，不易固定且修改不会留下痕迹，保存成本较高。这些特点使得电子档案中的个人资料容易被处理和侵害。在电子档案中记录着公民的基本情况和特征，构成了个人信息。大量的个人信息在不知不觉中被收集、处理、传播和利用，再加上计算机数据的比对，导致个人信息的私密性受到威胁，使人们普遍感到不安。非法的个人信息收集、处理、保存和利用会导致个人信息失去其原有的一致性，并对其他人格权益造成损害。随着信息技术和网络的发展，个人信息被非法或不当地收集、处理、利用的可能性大大增加，人们的合法权益除了人格利益外还受到了个人信息泄漏的威胁。这些问题使得个人信息保护得到了越来越多的支持，引起了各主要发达国家的关注。对于电子档案而言，国内出现的一些情况和现象迫切需要法律来进行调整和规范。①

（二）公开个人信息的风险

现代社会，个人档案不再是秘密文件，而是可以向社会公众开放，可以满足信息社会中的对信息的迫切需要。然而，我国在公开过程中的某些程序欠妥当，这必将导致本人人格利益遭受侵害。著者曾经在2008年5月到9月期间到我国西部的两大中心城市——成都与重庆对档案管理工作进行过一次社会调研。根据著者的统计，约54%的档案管理机构受理社会主体对个人档案的查询时，不需要查询者持有档案本人的授权许可书；更有约2%的档案管理机构在提供档案信息时无须查询人提供相关身份证明。这样，档案本人对其个人信息的决定权等将受到侵害。

（三）其他领域中个人信息的利用

1. 立法基本原则

参照亚太经合组织（APEC）隐私框架协议，并结合我国在征税、海关以及社会福利等领域的特殊性，我国对其中个人信息处理行为进行立法规制时应当遵循以下基本原则：第一，权利确认原则。其基本含义是，作为征税、海关以及社会福利领域的公权力行为的相对人对其个人信息享有自由支配并排除包括公权力机关在内的一切不法侵害的权利。原则上，本人

---

① 齐爱民，贾淼. 论电子档案中个人资料的法律保护［J］. 湖南公安高等专科学校学报，2004（12）：30.

得以对个人信息被处理的事由、处理者、期限、方式等进行查询，请求处理者保持个人信息正确、完整和最新状态。当被侵害或者有被侵害事情之虞时，本人可以提请法律救济。第二，权利保障原则。根据这一原则，征税、福利以及海关等领域的主管部门只能在职权范围内为执行职务而处理相对人的个人信息；主管部门及其工作人员应将对个人信息被收集的事由、方式以及存储期限等事实明确告知本人，并采取合理措施保持个人信息隐秘、正确、完整和最新状态。此外，立法者应当视损害结果的严重性与可能性大小规定权利救济措施。第三，权利限制原则。无论是征税还是社会福利与海关都与社会公共利益密切相关。根据利益衡量原则，当这一利益与本人人格利益发生冲突时，后者需要在一定范围内受到限制。与其他大多数社会领域不同的是，在这三者之中对公共利益的考虑被放在特别突出的地位。是故，征税、海关与福利主管机关在处理个人信息之前原则上无需经过本人同意。

2. 法律措施

第一，在税收、海关以及社会福利、档案管理等领域，个人信息作为本人重要的人格利益，应当由本人自由支配并排除他人不法干预与侵害。根据欧洲人权宪章第8条，个人对于其私生活有权加以维护。本人权利之基础是对个人信息的自决权。其基本含义是，本人得以决定其个人信息是否、由谁、为何以及如何处理。信息自决权是德国宪法法院通过判例创设的权利。然而，法律制度的设计在考虑规制对象的一般性同时还应当考虑特殊领域的个别性。固然，在一般情况下本人对其个人信息被处理的方式、机关、事由等有权自决，但是在与公共利益甚至国家重大利益攸关的税收、福利以及海关活动中，如果将以上事项悉交本人决定，不仅相关机关的活动效率会受到影响，社会秩序会受到破坏，而且国家重大利益也会有受损害之虞。依照利益衡量原则，立法者应当在以上三个领域原则上不允许本人对个人信息行使决定权。这与其他社会领域（包括一般行政以及司法等公法领域）不同。尽管我国新的《个人信息保护法》与《民法典》的有关规定相衔接，明确在个人信息处理活动中个人的各项权利，包括知情权、决定权、查询权、更正权、删除权等，并要求个人信息处理者建立个人行使权利的申请受理和处理机制（第四十四条至第五十条），但是涉及海关等特殊领域，仍然应该有具体措施。

著者认为，本人可以通过如下方式行使个人信息权：首先，对其个人信息被处理的依据、目的、范围、期限与方式等事项知情。其次，对海关、税务机关以及社会保障机构等个人信息处理者的违法或者不合理行为加以抗辩。抗辩提出的事由主要有以上主体超出职权范围处理个人信息，处理的目的与程序违法，以营利目的对个人信息进行收集与利用等。再次，对于过时、错误的个人信息，得以请求收集与处理者更新、更正或者删除，当其个人信息被处理的事由消失或者时限届至，得以请求处理者对信息加以删除或者封锁等。最后，当上述权利被侵害时，本人为获取法律救济，既可以直接向处理者提出异议或者查询、更改、删除以及封锁等请求，也可以提请监管机构查验与纠正。考虑到这些领域当中个人信息本人与处理者之间主要存在行政法律关系，因此当请求被拒绝或者对于处理决定不服时，个人信息本人既可以请求原受理机关的上一级机关或者主管机关行政复议，对于复议结果不服可以提起行政诉讼，也可以直接提起行政诉讼。然而，出于维护公共利益的需要，以上权利行使方式在特定情况下需要受到限制。

第二，相关机构的义务以及责任。海关、税务机关以及社会保障部门等应当履行一定的义务，以满足本人个人信息权。考虑到征税、海关以及社会福利领域的特殊性，在其中个人信息处理者应当履行的义务包括：（1）合法处理义务。据此，相关机构只能在其法定职权范围内以执行相关公务的目的收集、存储与传输个人信息。处理行为应当符合程序的要求。例如向处理者的上级或者主管部门申报并接受其监督，再如除非涉及重大国家与公共利益应当向本人告知。此外，在限制本人的个人信息自决权等权益时应当符合比例原则。（2）对本人的告知义务。处理者应当将个人信息被处理的依据、目的、范围、期限与方式等事项向本人告知。就告知的方式而言，原则上应当以明示与书面为之。至于告知的对象，原则上仅限于个人信息本人。（3）安全保障义务。处理者应当采取合理安全措施以保持个人信息隐秘、完整以及更新的状态。关于如何判定安全措施达到"合理"，应当综合行业特征、一国国情以及时代背景等综合确定。

关于个人档案管理活动中的个人信息处理行为应当遵循哪些原则问题，国外的立法较少做规定，但对个人信息保护法的一般原则应当适用到个人档案管理活动这一点却得到世界公认。为指导档案管理中的个人信息立法，我们应当将一般原则按照该领域的特殊需求加以具体化。著者认为，在实施与个人档案管理活动有关的个人信息处理行为时，应当遵循以下基本原则：（1）限制收集原则。这一原则的内涵主要是，档案管理机构对个人信息的收集原则上应加以限制，信息的收集应有法律上的依据或本人的同意。（2）信息完整正确原则。这一原则的内涵主要是收集、处理、保存和利用的个人信息应是关于个人的某一方面的完整的信息，在建立个人档案过程中应尽量做到完整。此外，信息的内容反映信息本人当前的而不是过去的实际状况，信息不但是完整的而且是正确的。（3）目的明确原则。收集个人信息应基于档案管理目的，档案管理行为应当是合法的。收集个人信息的目的应贯穿个人信息的利用全程，只有在维护自身重要利益、社会公益或经过信息主体同意的情况下，才能将个人信息用于与收集时不同的目的。（4）利用限制原则。个人信息的利用除非法律规定或经过个人同意，不得超出收集时的目的。（5）安全原则。在收集、处理、保存和利用个人信息的档案机构等主体应该尽职尽责，并采取各种可能的措施来保护个人信息，防止其被非法收集、处理、删除、更改、利用，以及避免其他潜在危险。（6）本人参与原则。个人信息的本人应该参与其个人信息的处理和控制，拥有依法支配和控制个人信息的权利，其他与个人信息相关的主体有责任不干预个人信息权利的实现。（7）公开原则。基于档案管理活动的公益性质，个人信息的收集原则上应该是公开的，不应该进行秘密收集。收集方式、方法、程序、个人信息目录等内容应该公之于众。①

为贯彻上述原则,立法者需要制定个人档案管理活动中个人信息处理活动应当遵循的具体规则。在所有的社会领域中,本人的权利、处理者的义务以及相应责任是必不可少的规则要素,档案管理活动也不例外。此外,档案机构一般而言属行政主体,而档案管理行为也带有明显的职权性。为了防止职权的滥用以切实维护本人的权益,在我国应当设置相应的监管机制,这也是著者在本部分论述的重点。

第一,本人的权利。在个人档案管理活动中,作为档案管理相对人的本人对其个人信息享有的权利包含了以下权能:(1)公开权。除法律另有规定外,本人可以决定何时何地向何人公开其个人信息。(2)请求告知权。查询权的基本内涵是本人可以要求档案管理者告知是否保存了他的个人信息、保存了他的何种个人信息。(3)保持个人信息正确完整权。本人有权要求档案管理者就其保存的个人信息与本人的实际状况一致。当信息主体发现个人信息与实际情况不一致时,有权要求档案管理者更改、删除错误的信息或补充不完整的信息,以确保档案管理者所收集的与个人相关的信息的真实性。(4)阅览及制作复制本权。本人可以依法查阅档案管理者保存的个人信息,并请求档案管理者制作复制本。(5)删除权。个人信息在收集、处理或利用之后,原则上在法律没有特别规定或没有必要的保存要求的情况下不应保留。因此,如果档案管理者没有法律规

① 齐爱民,贾淼. 论电子档案中个人资料的法律保护 [J]. 湖南公安高等专科学校学报,2004(12):30.

定或合同约定的情况下，非法地存储个人信息、超出范围存储信息或过期存储信息，个人有权要求其删除。(6) 报酬请求权。报酬请求权是指信息主体基于其个人信息被收集、处理和利用而有权向信息处理主体请求支付报酬的权利。未经个人同意，档案管理者不得将个人信息用于营利，如果档案管理者将个人信息用于营利，则应支付报酬。如果档案管理者非法地将个人档案信息用于营利并获得收入，个人可以要求返还不当得利。(7) 损害赔偿请求权。如果档案管理者违反了个人信息保护法而导致个人权益受损，个人有权要求档案管理者承担损害赔偿责任。然而，档案管理者如果可以证明自己没有过错，就可以免除责任。在归责原则下，适用过错推定原则来确定责任。[①]

第二，档案管理机构的义务以及相应责任。档案管理者作为个人档案的建立者和使用者，有以下几项重要义务与个人权利相对应：(1) 告知义务。档案管理者应以适当的方式向个人信息本人告知收集个人信息的方式、过程、范围、目的和使用期限等信息，使个人了解个人信息档案的收集、处理、保存和利用情况。(2) 保护个人电子档案信息同一性的义务。电子档案信息同一性是指收集、处理、保存和利用的个人信息与个人实际情况一致。在建立电子档案时，应如实处理、保存和利用个人信息，不得收集不真实的信息，也不得断章取义地收集个人信息。处理后的信息应与收集时的信息一致，如果不一致，应以收集时的信息为准进行校对。保存的信息要真实反映个人信用的实际状况。在利用过程中，信用信息也应与个人的实际

---

① 包海军. 电信服务合同主要格式条款的分析 [D]. 呼和浩特：内蒙古大学，2009.

状况相符，以确保个人信用信息的真实性和全面性，避免侵权行为。（3）维护个人电子档案库安全的义务。为防止个人档案信息被非法收集、处理、保存和利用，档案管理者应加强对个人电子档案库的保护，包括人员、技术设施和管理制度的加强，尤其对于将档案网络化的档案管理者，更需要注意防范黑客和计算机病毒的攻击。（4）提供必要条件和方便的义务。在个人行使查阅、复制、更改、删除等权利时，档案管理者有责任提供必要的条件和方便，例如提供网络接入服务、告知档案密码、设置专人提供检索服务等。（5）未经个人同意不得将个人电子档案信息用于营利或其他。档案管理者在未经个人同意的情况下，不得将个人电子档案信息用于营利或其他。

建议立法者增加规定：若管理者未履行告知、保持个人信息完整与准确等义务，但义务有继续履行的必要与可能时，应当被责令继续履行，当已无继续履行必要与可能时，应当向本人赔礼道歉并支付精神损害赔偿金；未经本人同意，将本人电子档案信息用于收集个人信息目的以外的用途，要承担相应的侵权责任。

第三，对处理行为的监管。为了促使档案管理机构合法与正当地行使管理职权，从而维护被管理人的个人信息权，一国往往需要设立相应的监管机制，由相应的监督机关行使对档案管理活动的监管职权，审查该活动程序与实体的合法性与正当性，对于违法与不当行为进行纠错。

我国《档案法》对档案管理活动的监督机构做了规定，由县级以上地方各级人民政府的档案行政管理部门主管本行政区域内的档案事业，并对本行政区域内机关、团体、企业事业单位和其他组织的档案工作实行监督的指导。乡、民族乡、镇人民政府应当指定人员负责保管本机关的档案，并对所属单位的档案工作实行监督和指导。然而，对于档案管理监督机构得以行使何种监管职权以及职权行使的程序等问题都没有具体规定。这样，监管机构实际上被空置，档案机构的行为得不到有效的制约。此外，现有的纠错机制极为有限（仅《档案法》第10条对档案管理程序规则有灵性的规定），从而使档案管理机构得不到真正有效的制约。

为了弥补我国现行法的缺陷，立法者首先应当赋予监管机构相应的职权。参照国外先进立法例并且结合我国的实际情况，监管机构应当通过行使以下职权来监督档案机构对个人信息的处理活动：（1）调查权。监管机构得以通过必要手段接触与调查本人的个人信息被处理的情况。手段包括进入档案库，要求档案机构以及工作人员提供与个人信息处理相关的资料文件等。（2）干预权。在调查活动中如果发现档案机构相关行为违法或者不当时，应当提出异议并在必要时通过合理方式加以制止。制止的方式包括向处理者提出警示以及责令停止处理等。这里需要说明的是，措施必须符合比例原则的要求。例如，对于错记等情节较轻微的违法处理行为只需警示与纠正即可，而不能责令停止处理以免影响行政效率。（3）意见征集权。监管机构在实施监督行为的前后，得以通过召开听证会以及问卷调查等方法征集个人信息本人的意见，并且适当地将这些意见公开，以便让档案机构知悉。在必要时，将这些意见告知上级部门以便后者进行进一步监督。（4）司法程序提请与参与权。当有确切证据证明档案机构实施了违法或者不当行为，并且虽经干预但仍不能制止时，其行为与后果符合相关法律构成要件时，监管机构得以向司法机关提请诉讼（最主要的是刑事诉讼），其本人也得以参与到诉讼中来。为了配合监管机构行使以上职权，档案机构在对个人信息进行处理之前或者过程中，遇到以下事情时，应当向监管机构报告：涉及对敏感信息的收集与存储；需要建立长期的个人信息档案；可能将个人信息通过自动化处理等方式以电子或者网络形式传播；等等。在提出报告时，档案机构应当向监管机构提交有关以下内容的资料：处理的目的、期限、方式、法律依据、事实依据以及本人的情况等。当报告不实或者未提供报告时，档案机构应当承担相应责任（主要是行政责任）。当然，监管机构也会对滥用职权或者违法进行监管。

第三章　政府行政对个人信息的保护

个人信息的处理事关个人权利，应遵循一定要件方可为之。以下仅就个人信息处理中较为复杂的收集、利用、计算机比对和跨国传输的要件加以分析。个人信息的处理要件，因信息管理者的性质不同而有区别。信息管理者可以分为政府行政和其他机构，本节对政府行政收集、处理和利用个人信息的法律要件进行阐述。政府行政收集、传输和利用个人信息的法律要件，是指政府行政收集、传输和利用个人信息的必备条件。个人信息收集、处理和利用对个人权利的影响并不相同，纵观全球立法，对政府行政收集、传输和利用个人信息的要件，均主张个人信息处理阶段不同，应适用不同的法律要件。

政府行政处理个人信息，往往出于维护公共利益之目的；同时个人信息被处理，使得信息主体的人格利益受到限制。对于如何在这两者之间寻求一个平衡点的问题，国外立法以及我国部分学者已做出了回应。譬如根据欧盟的要求，各成员国应当通过个人信息法中引入对信息自由的保护问题，为实现此目的按照比例原则的要求排除或者限制信息主体的权利。譬如欧盟资料保护委员会下属工作组于1999年5月3日通过的立法工作文件《关于公共部门信息和私人资料保护的第3/99号意见》中明确要求，各成员国应当在符合比例原则所包含的必要、适当以及目的与手段之间合乎比例等要件的前提下，基于实现信息自由之目的而排除或者限制信息主体权利（to exempt or restrict subjects' rights pursuant to the principle of proportionality），而这一点已在欧盟主要成员国的个人信息保护法规中有所体现。[①] 相当多数（甚至主流的）欧盟与中国学者也建议，我国应根据比例原则来平衡信息主体的人格利益与信息自由。[②] 著者认为，立法者为了较好地兼顾两者利益，应当在允许政府行政出于特定目的处理个人信息的同时予以适当限制。

我国新的《个人信息保护法》规定，规范政府行政处理活动为履行维护国家安全、惩治犯罪、管理经济社会事务等职责，政府行政需要处理大量个人信息。保护个人信息权益、保障个人信息安全是政府行政应尽的义务和应承担的责任。但近年来，一些个人信息泄露事件也反映出有些政府行政存在个人信息保护意识不强、处理流程不规范、安全保护措施不到位等问题。对此，《个人信息保护法》对政府行政处理个人信息的活动做出专门规定，特别强调政府行政处理个人信息的活动适用本法，并且处理个人信息应当依照法律、行政法规规定的权限和程序进行，不得超出履行法定职责所必需的范围和限度。个人信息处理者是个人信息保护的第一责任人。据此，《个人信息保护法》强调，个人信息处理者应当对其个人信息处理活动负责，并采取必要措施保障所处理的个人信息的安全。在此

---

① 参见《德国联邦资料保护法》第41节、《英国个人资料保护法》第32条、《法国个人资料保护法》第67条以及《瑞典个人资料法》第7条等。

② SUTTON G. 中欧个人信息保护：问题及答案［R］. 中国欧盟信息社会项目报告，2008：49.

基础上，《个人信息保护法》设专章明确了个人信息处理者的合规管理和保障个人信息安全等义务，要求个人信息处理者按照规定制定内部管理制度和操作规程，采取相应的安全技术措施，指定负责人对其个人信息处理活动进行监督，定期对其个人信息活动进行合规审计，对处理敏感个人信息、利用个人进行自动化决策、对外提供或公开个人信息等高风险处理活动进行事前影响评估，履行个人信息泄露通知和补救义务，等等。

第一节 政府行政收集和处理个人信息的要件

一、必备要件

特定目的要件为政府行政收集和处理个人信息的必备要件。政府行政收集和处理个人信息必须具备特定的收集目的。这个要件的目的在于限制政府行政的权力，制止无故收集个人信息，保护公民的私人生活。此要件反映的是目的限制原则的要求。1974年《美国隐私法》第4条"对行政机关的要求"规定：保持记录系统的每一个行政机关都应当只能在其记录系统中保持与本机关实现法律或总统行政命令所要求其实现的行政目的相关的、必要的关于某一个人的记录。

二、任意要件

任意性要件是指政府行政收集和处理个人信息，除应具备特定目的要件外，还至少应具备三大选择性要件中的任意一个。一般而言，选择性要件包括职责范围要件、书面同意要件和无侵害要件。

（一）职责范围要件

政府行政收集和处理个人信息应在职责范围内进行。德国《资料法》第13条规定："为了履行职责，收集人需要知悉资料的，可以收集个人资料。"这是政府行政收集个人信息的首要条件，超出职责范围的收集则构成非法。此要件的确立目的在于保障各政府行政依法行事、各司其职，严格限制政府行政超越职权范围收集个人信息。政府行政的职责，是指根据《宪法》或有关组织法的规定，各政府行政自身任务、权限或管辖等范围内所掌管的业务或事项。政府行政职权的划分，是为了各公权力机关行使职权各有依据，不致发生逾越或废弛等事情，政府行政为完成各自职责的内部规划、管理、监督、执行等相关业务，均独力完成，不受外力的非法干涉，也不得逾越或擅自委托、代行使职责。我国现有的国务院及其29个部委和地方行政系统，各自都有组织法或内部规章的权限规定。

（二）书面同意要件

书面同意要件是指政府行政收集和处理个人信息之前，应得到信息主体的书面同意的法律要件。该要件应该满足以下三个条件：第一，知情；第二，书面；第三，同意。[1] 知情的含义在于知情同意，是指信息主体掌握个人信息处理情况下做出

---

① 陈虹竹. 行政机关使用个人信息的法律问题研究：以税收征管领域为视角［D］. 重庆：重庆大学，2018.

的同意。信息管理者和信息主体之间关系的基本伦理模型是：信息主体基于对个人信息处理详细情况的了解，以及对信息管理者的信任，信任后者会出于正义和良心真诚地遵守他的告知，因而决定将自己的个人信息交由信息管理者控制。信息管理者应该将信息主体的利益放在首位。知情同意是贯穿医学伦理的一个基本原则，后经发展进入个人信息处理领域。1940年的医学伦理法典——《纽伦堡法典》，放弃了受试者由研究人员保护的旧观念，代之以受试者具有自我决定权，从而树立了知情同意的新观念。这种观念是符合洛克、杰弗逊等人的基本思想以及《美国人权法案》的精神的，因此在那个特定的历史时期得到了迅速普及和发展。其他机构收集个人信息遵守知情同意条件，这是民事法律关系的平等和意思自治原则的基本要求，是信息主体行使自我决定权的前提条件。法律对"同意"的"书面"要求，目的在于敦促当事人郑重行使权利，切勿草率，并可以作为证明和证据使用。在传统方式下，书面一般意味着纸面，或者其他有形的物理载体形式。在电子商务模式下，产生了一个新问题，通过网络实施的行为，比如点击和填写并发送，构不构成书面要件。通过网络做出的行为，实质是发送一个资料电文。一开始，学界对资料电文是否符合法律上的"书面"要求，有很大的争议。随着2005年《中华人民共和国电子签名法》（以下简称《电子签名法》）的实施，争议被消除。我国《电子签名法》第四条的规定，能够有形地表现所载内容，并可以随时调取查用的资料电文，视为符合法律、法规要求的书面形式。"书面同意"要义有二，一为书面，一为签

名，无签名，"同意"即无归属。因此，对资料电文的签名则
成了另一个新问题，同样，我国《电子签名法》对此做出了详
尽的规定。我国《电子签名法》第十四条规定，可靠的电子签
名与手写签名或者盖章具有同等的法律效力。第十三条专条规
定了什么是可靠的电子签名。该条规定，电子签名同时符合下
列条件的，视为可靠的电子签名：第一，电子签名制作资料用
于电子签名时，属于电子签名人专有；第二，签署时电子签名
制作资料仅由电子签名人控制；第三，签署后对电子签名的任
何改动能够被发现；第四，签署后对资料电文内容和形式的任
何改动能够被发现。当事人也可以选择使用符合其约定的可靠
条件的电子签名。

因此，在网络上，通过点击和填写表格形式做出的同意，
应符合书面的条件，然后经由电子签名，予以确认。然而，我
国的实际情况是，拥有电子签名手段的个人极少，对于绝大多
数个人网络用户而言，使用电子签名不但费时而且麻烦，并且
他们中的绝大多数对于电子签名根本就不理解，有一种抵触。
因此，在其他证据可以证明一个资料电文归属于某主体时（如
使用的电子邮件地址和 IP 地址等），不一定严格要求必须使用
电子签名加以签署才有效，否则，我国网络上的消费者合同或
者其他的双方约定可能十有八九都会处于无效的状态。

（三）无侵害要件

无侵害要件是指对在个人信息收集和处理之初，政府行政
应对收集和处理进行评估，认为不会侵害当事人权益的，才可

以进行个人信息收集。① 我国台湾地区有关规定中提到的"对当事人权益无侵害之虞者"失之过宽，并且较难操作，不论何种形式的个人信息收集，恐怕都事先就保证"对当事人权益无侵害之虞"。"没有无利益的信息"，每一笔个人信息或许无害，但经过计算机比对，将许多信息连接在一起，经过分析和处理，就可能对信息主体造成侵害。《个人信息保护法》正是以防止这种危险和侵害的发生为目的。因此，我国台湾地区的相关规定，应经过限缩和监督，比如设置一定的核实和批准程序等更为合适。满足了无侵害要件不等于在个人信息收集和处理过程中不发生实际的侵害，若发生侵害，信息主体仍可依法主张救济，而政府行政不能据此为自己免责开脱。②

第二节　政府行政利用个人信息的要件

一、一般利用要件

政府行政的利用要件是指政府行政利用个人信息必须满足的法律要件，又可以称为一般利用要件。我国《个人信息保护法》对此做了详细规定：国家机关为履行法定职责处理个人

---

① 陈虹竹. 行政机关使用个人信息的法律问题研究：以税收征管领域为视角 [D]. 重庆：重庆大学，2018.

② 陈虹竹. 行政机关使用个人信息的法律问题研究：以税收征管领域为视角 [D]. 重庆：重庆大学，2018.

信息，应当依照法律、行政法规规定的权限、程序进行，不得超出履行法定职责所必需的范围和限度（第三十四条）；国家机关为履行法定职责处理个人信息，应当依照本法规定履行告知义务；有本法第十八条第一款规定的情形，或者告知将妨碍国家机关履行法定职责的除外（第三十五条）；国家机关处理的个人信息应当在中华人民共和国境内存储，确需向境外提供的，应当进行安全评估，安全评估可以要求有关部门提供支持与协助（第三十六条）。

二、目的外利用个人信息的要件

在有些特殊情况下，法律明文规定了一些例外，允许个人信息的目的外利用。政府行政目的外利用要件是指政府行政在特定目的之外，利用个人信息必须满足的要件，又称为目的外利用要件。我国《个人信息保护法》第三十七条对此做了规定："法律、法规授权的具有管理公共事务职能的组织为履行法定职责处理个人信息，适用本法关于国家机关处理个人信息的规定。"由此可知，政府行政目的外利用的八大要件为：法定要件、国家安全要件、公共利益要件、免除信息主体紧迫危险要件、促进信息主体权益要件、免除他人重大危害要件、学术研究要件和书面同意要件。

（一）法定要件

法定要件是指政府行政依照法律和政策明确规定，可以进行个人信息目的外利用的要件。这是政府行政目的外利用个人信息的首要条件。这里的法定，包括法律、法规和政策等规定，其目的是为了确保各政府行政依法行事、各司其职的基础上，进行必要的协作和合作，因此被赋予目的外利用个人信息的权力。法律直接规定要件中的法律，包括所有法律、法规的有关规定，并不限于《个人信息保护法》的规定，包括我国缔结和参加的国际条约的规定。政策是指国家或者政党为实施特定历史时期的任务和执行其路线而制定的活动准则和行为规范。执政党的政策通过法律程序上升为国家意志后就成为国家的政策。

（二）国家安全要件

国家安全是指一个国家的主权和领土的完整与安全。根据我国刑法的规定，我国国家安全包括国家的主权以及现行的政治制度安全。我国《宪法》第28条规定："国家维护社会秩序，镇压叛国和其他危害国家安全的犯罪活动、制裁危害社会治安、破坏社会主义经济和其他犯罪的活动、惩办和改造犯罪分子。"就具体内容而言，国家安全是指国家的独立、主权和领土完整不受侵犯；国家的政治制度和社会制度不受颠覆；国家的统一和民族团结不受破坏；国家的经济发展、科学进步、文化繁荣不受侵害；对外政治、经济、科技、文化等平等互利的交往和交流不受干涉和阻碍；国家秘密不被窃取；国家机构不被渗透；国家工作人员不被策反；等等。[①]总之，国家安全涉及政治、经济、文化和社会生活的方方面面，对这些方面的根本上的侵害，都会危害国家安全。国家安全是国家最高利益，政府行政为维护国家安全而对个人信息进行目的外利用为合法

---

① 熊斌. 危害国家安全立法理论研究［D］. 西安：陕西师范大学，2015.

利用。

（三）公共利益要件

以公共利益而为目的外利用须满足以下两个条件：第一，须为"增进"，使公共利益增加。第二，须为公共利益，不是集团利益或者少数人利益。这是一个不确定的法律概念，学界也无统一的定义。自从近代民族国家起源，公共利益分化为二：一是社会公共利益。它是在特定的历史阶段，与特定的社会生产力水平、具体的社会生产生活方式以及具体的文化传统相关的。社会公共利益往往被淹没在统治阶级利益之下。二是国家制度和国家暴力，统治阶级为维护自身利益而制定的国家制度以及为维系此制度而必需的国家暴力是第二种公共利益，第二种公共利益是第一种公共利益实现的手段。著者认为，部门法上的公共利益，与国家利益和国家安全是相互区分的概念，主要是指社会公共利益，是全体社会成员为实现个体利益所必需的社会秩序。国家制度和国家权力是社会公共利益实现的具体方式。在一个民主国家，民主、法治是公共利益的具体评判尺度。

当政府行政以增进公共利益的目的而为目的外利用的是合法的。根据行政法的比例原则，政府行政为目的外利用而促进的"公共利益"，应为"重大"的公共利益，这样可以保障是为了重大的公共利益而牺牲了信息主体的利益，才符合"比例原则"。对于公共利益的认定，法律并未规定统一的标准，应就个案衡量判断。在个案中，判断何为公共利益，应注意以下几点：1.应以不特定的多数人为主体，仅涉及特定人或少数人的利益，不构成公共利益；2. 是否增进公共利益，应采取客观的标准，不以政府行政的主观目的为标准；3. 对公共利益的判断应以法定为主，法律无明文规定的，在解释上须从严，以免对权利人造成不必要和不合理的损害；4. 在法律的适用上，政府行政因公共利益而限制或剥夺权利人权利的，应给予补偿。

（四）免除信息主体紧迫危险要件

为免除信息主体危险而为目的外利用，须满足以下两个条件：第一，信息主体的危险为生命、身体、自由或财产上的危险，而不包括其他危险，如政治风险等。第二，须为急迫的危险。如果危险并不紧迫，也能通过其他途径予以解除的，应该尽最大可能选择其他途径。当政府行政知晓信息主体正在面临生命、身体、自由或财产上的危险，超过特定目的而利用个人信息事关信息主体的重大利益，政府行政可以超越目的限制原则的规定，果断采取措施，通过对个人信息的目的外利用，排除危险，保护信息主体的利益。政府行政为了免除信息主体的危险而为目的外利用，不要求危险是"重大的"，对于信息主体的一般利益，只要是"紧迫"的，政府行政也可以实施目的外利用。对于危险的排除也不要求"必要的"，只要是紧迫的危险，即便通过其他途径可以排除危险，政府行政以目的外利用的形式排除该危险也为合法。

（五）其他要件

1. 促进信息主体权益要件

信息主体权利既包括法律所规定的权利，也包括一般可能获得的其他利益。政府行政目的外的利用个人信息，是为了促进信息主体权益的实现，非为不法。对信息主体是否有利，应以信息主体有无具体的可获得的利益为判断标准，而不能仅仅以后果——是否得到利益为判断标准。

2. 免除他人重大危害要件

为免除他人权益的重大危害而为目的外利用，政府行政必须符合以下几个条件：第一，危害，不是危险。危害应有客观的标准，而危险则主观判断因素较多。第二，须为重大，一般的危害不在此列。第三，须为有必要，通过其他途径也可以免除的，不得采用目的外利用方式。为防止他人权益之重大危害而有必要者。他人的权益应包括公权利和私权利，既包括人身和财产等私权和利益，也包括选举等政治权利。为保护他人的权利免受重大的危害，政府行政可以对特定人的个人信息进行处理，此时，政府行政为目的外利用，不是为了保护信息主体的权益，而是为了保护第三人的权益。对第三人权益的保护，信息主体并无"对价"补偿，因此，危害必须以"重大"为标准，并且还要以实际存在的威胁为标准。"必要"应按照比例原则来认定，应认为若不进行个人信息目的外利用，便不能防止对他人权益的重大危害。若非重大危害，即便是紧迫的，政府行政也不应为此而目的外利用信息主体的个人信息。对于政府行政主观臆测的"重大危害"而目的外利用信息主体个人信息的，信息主体可以行使个人信息权，通过救济途径获得救济。

3. 学术研究要件

为学术研究而为目的外利用，须满足以下三个条件：第一，为学术研究；第二，有必要；第三，无害于当事人的重大利益。为学术研究目的，并且对信息主体重大权益不构成侵害的，可以处理个人信息。马克思·韦伯指出，一个学者要想赢得社会的认同感，无论就其表面还是本质而言，个人只有通过最彻底的专业化，才有可能具备信心在知识领域取得一些完美的成就。而正是这样的完美成就，推动了人类认识的发展和社会的进步。因此，可以说，学者是社会的大脑。对学术研究的"法外施恩"，是很多部门法共同的作为。最为典型的应属知识产权法，根据各国立法建立的合理使用制度，莫不把学术研究作为合理使用的一个原因，期待能从先前作品的价值之外创造有利于公众的"额外价值"，目的则在于促进科学和有用技艺的进步，进而推动社会的发展。如果没有对学术研究的"法外施恩"，人们就可能阻碍新知识的产生，阻碍社会发展的步伐。在个人信息保护领域，旨在便利学术研究的个人信息收集与传输一般均为各国立法许可的一个条件。一是因为学术研究有助于公共利益，二是因为一般而言学术研究对当事人的人格侵害不大，如《欧盟个人资料保护指令》第6条第1款第2项规定："如果成员国提供适当的保护，为了历史、统计和学术目的所进行的进一步处理不被认为是与收集目的不符的。"实际上，学术研究要件是以牺牲信息主体的个人信息利益为代价的，允许他们为了社会利益而对他人的个人信息进行有限的使用。这个界限就是不得侵害信息主体的重大权益，也就是说，信息主体的非重大权益的损害是允许的。

　　应该注意的是，因学术研究而使用他人个人信息，应尽可能保持匿名化，以将可能给信息主体带来的侵害降低至最低限度。德国《资料法》第14条第2款第9项规定："为实施学术研究所必要，且依研究计划实施之学术利益显然重于当事人禁止目的变更之利益，而依其他方法不能达成研究目的或需不当耗费始能达成者。"可见，基于学术研究要件的目的外利用，应符合以下两个要件：第一，欲进行学术研究的目的外利用，必先按照比例原则的要求，进行必要的利益衡量。斟酌学术研究的公共利益与禁止目的外利用要保护的私人利益的轻重，前者明显优于后者的。第二，政府行政已储存的个人信息，对于学术研究的使用，是不可或缺的，或另收集、储存将耗费时间和庞大费用的。

4. 书面同意要件

此要件同为"政府行政的收集和处理要件"中的选择要件中的一个。目的限制原则是《个人信息保护法》的基本原则，目的外利用之要件专为打破该原则而设计，即在符合一定的要件之后，诸如上述八大要件，就可以为目的外利用而不用承担责任。

第三节　计算机比对的法律要件

一、个人信息计算机比对的概念

个人信息计算机比对，英文为 Computer Matching，是指为了特定的目的，利用计算机程序将两个或两个以上资料库内的个人信息进行比较和鉴别的行为。1974年《美国隐私法》使用的是 Computer Matching 这一概念，而我国《香港个人资料（私隐）条例》则使用了"核对程序"（Matching Procedure）这一概念。

二、计算机比对的目标和目的

1988年美国专门出台了《美国计算机比对与隐私保护法》，后被并入了1974年《美国隐私法》，这是全球最早的计算机比对立法。1996年我国《香港个人资料（私隐）条例》对"核对程序"也做出了专门规定。针对一个复杂的现实问题的立法，关键是在不同的利益之间进行取舍和寻求平衡，计算机比对也是如此。计算机比对的直接目标是核对信息主体个人信息的正确性，以作为政府行政采取行动时的依据。我国《香港个人资料（私隐）条例》就计算机比对的目标做了明确的规定，该条例第2条规定，所做比较（不论是全部的还是部分的）是为了产生和核实某些（可即时或于其后任何时间）用作对任何该等资料当事人采取不利行动的资料的；或所做比较产生和核实某些资料，而就该等资料而言可合理地相信将该等资料（即时或于其后任何时间）用作对任何该等资料当事人采取不利行动是切实可行的。 对计算机比对进行立法的基本目的有两个：一是使计算机比对本身合法化；二是设置严格条件规范比对行为，保障信息主体的权利。

政府部门进行计算机比对，事关全民。对政府部门计算机比对进行立法是美国立法史上的一件大事。1988年，美国制定个人信息比对专项法律，法律名称为《美国计算机比对与隐私法》，该法在承认个人信息计算机比对的合法性的同时，对计算机比对加以严格限制和规范。这部法律后被并入美国保护个人信息与隐私的基本法——1974年《美国隐私法》。

三、计算机比对项目 [1]

《美国隐私法》中的比对项目，是指两个或两个以上的个人记录系统之间，或一个记录系统与非联邦记录之间进行的比对。[2]《美国隐私法》规定了两种基本的比对类型：福利比对项目和工资比对项目。福利比对项目是指政府部门为了执行福利计划而进行的比对项目，包括获得联邦福利计划项目中现金支付与实物援助之申请人、接受人、受益人、参加人及服务提供者资格的成立与确认，以及联邦福利计划项目中的赔偿性支付或过期债务的清偿。行政机关进行福利比对的目的是确保福利计划执行的正确性，以避免欺诈、舞弊和浪费。工资比对项目是以比较联邦职员名册和工资为对象的比对项目，通过两个或两个以上联邦职员名册或工资自动记录系统之间，或一个联邦职员名册或工资记录系统与非联邦记录之间的比较而进行，这个项目的执行主要是为了落实职员的实际工资情况，以及纳税情况等。

为了最大限度确认计算机比对的合法性，《美国隐私法》

---

① 参见《美国隐私法》第1条。

② 张才琴. 我国个人信息计算机比对制度刍议 [J]. 法学评论，2008（5）：13.

规定了以下六种比对，作为例外，可以不适用《美国隐私法》的相关规定。原因在于：一方面，行政机关进行的所有的计算机比对活动，都会对国民的个人利益产生影响；另一方面，出于强化行政的需要，对所有计算机比对都要求严格适用《美国隐私法》的规定，也并不现实。这六种活动有：第一，资料统计。政府部门进行计算机比对，仅仅是为了得到宏观的统计资料，而并不对任何可识别个人特征的个人信息进行比对。这种比对，从实质上看，与个人无关，因此不必适用《美国隐私法》关于计算机比对的规定。第二，研究和统计计划。政府机关为了支持研究工作，或者为了制定合理的统计计划而实施的计算机比对，此种计算机比对可能包括了具有识别个人特征的个人信息的比对，[①]但是因比对所得到的结果，并不作用于个人信息指向的具体人员，也并不做出影响个人利益的决定，因此可以不适用《美国隐私法》关于计算机比对的规定。第三，获得证据。为执行刑法任务，特定机关在调查特定人员的违法行为之后，为了获得相关证据而进行的计算机比对。在这种情况下，若执行《美国隐私法》的规定，则与任务的执行要求和技术相违背，因此可以不执行《美国隐私法》的规定。第四，税务稽查。国家税务机关为了查实法律规定的税务信息，追缴税款而进行的计算机比对。第五，例行公事的比对。此类比对的目的不在于对职员采取不利的行动，而在于例行的行政目的，或者仅限于机关内部掌握的个人信息进行比对，且比对结果，不用于对职员做出不利决定。第六，联邦利益。为了反间谍的

---

① 张才琴. 我国个人信息计算机比对制度刍议［J］. 法学评论，2008（5）：13.

目的，核对准备使用的联邦职员的目的，或者为了核对与联邦签订契约的人的可靠性的目的而进行的计算机比对。

四、计算机比对协议 [①]

比对协议是进行计算机比对的前提。提供信息的机关称为来源机关，接收信息的机关称为接收机关，在进行个人信息的计算机比对时，来源机关和接收机关之间必须预先签订一个书面的比对协议。没有比对协议，不得进行计算机比对，行政机关不得对其他机关提供个人信息而参与计算机比对活动。可见，比对协议是计算机比对的前提，是计算机比对的核心问题。比对协议必须包含以下内容：（1）进行比对的目的与法律依据。（2）进行比对项目的理由与预期结果。（3）对需要的个人信息的说明，包括将要使用的个人信息类型，需要的个人信息的大概数目，以及开始与结束的日期，等等。（4）个别通知。使用过程，实施计算机比对的机关向联邦福利计划中经济援助或现金支付的申请人及受益人、联邦机构的求职人员及现职人员发出个别通知的程序，以及随后依照该行政机关资料统一委员会的指示定期向其发出通知的程序。（5）对比对结果加以核实的程序。（6）比对项目结束后，对项目所需个人信息加以销毁的程序。（7）确保对被比对的记录进行行政、技术与物质保护的程序，以及计算机比对项目的结果。行政机关不得隐瞒其比对协议。该法还规定，公众有权了解并得到比对协议，以便监督行政机关的计算机比对活动。

---

① 　参见《美国隐私法》第15条。

五、计算机比对的监管机关

每个执行或参与计算机比对项目的行政机关，都必须设立信息统一委员会，实施监督职能并且在行政机关各个部门之间进行协调，保证该机关的计算机比对工作符合隐私法的要求。信息统一委员会由机关行政首长所任命的高级官员组成，并且应当包括负责实施隐私法的高级官员，并可以设立总监察员，设立总监察员的，总监察员不得兼任信息统一委员会的主席。[①]信息统一委员会具有以下主要职能：第一，就书面比对协议进行审查、批准和保存，确保上述活动符合《美国隐私法》和有关法律、法规及指导原则的要求。第二，对本机关所参与的所有计算机比对项目进行审查，无论该机关是作为来源机关还是接收机关，以确定是否符合有关法律、法规、指导原则及机关所签订的协议的规定，并估算这类匹配项目的成本与收益。第三，编制一份提交给机关行政首长及预算与管理局的年度报告，如公众提出请求，可以将这份年度报告公开，年度报告应当说明机关实施匹配项目的活动情况。第四，为了使接收及提供用于电脑匹配项目的信息准确、完整、可信，应当成立记录的审查和交换中心。第五，就《美国隐私法》中实施计算机比对项目的目的，向机关各个部门及职员提供有关解释与指导。第六，审查机关就计算机比对项目所执行的记录保存与处理政策及实施情况进行监督检查，以确保本法规定得到遵守。第七，对没有设立计算机比对项目而实施的计算机比对进行审

---

① 参见《美国隐私法》第21条。

查，并提出报告。

六、个人权利救济程序

计算机比对结果产生后，欲依据该结果对个人采取不利行动前，必须经过独立的查证程序，防止对个人造成不必要的侵害。这个程序被称为正当程序。所谓正当程序，是指行政机关在使用计算机比对所获得的信息对个人采取不利的行动之前，必须遵守的程序。这个程序包括以下两个方面的要求：第一，信息核实。行政机关在计算机比对中获得的信息，不能直接作为采取不利行动的根据。为了加强对个人的保护，任何接收机关、非联邦机关或来源机关都不得以计算机比对项目所产生的结果为依据，而中断、终止、减少或最终拒绝向该当事人提供联邦福利计划中的经济援助或支付，或者对该当事人采取其他不利的行动。行政机关必须对比对结果加以核实，才能作为其对个人采取行动的根据。[1]第二，抗辩机会。行政机关根据计算机比对而得到的信息准备对个人采取不利的行动时，必须把行政机关准备采取行动的决定通知个人，并指出个人可以在通知规定的时间内提出抗辩。具体程序为：（1）行政机关独立核实通过比对得到的信息。（2）行政机关的信息统一委员会或者来源机关的信息统一委员会，依据管理与预算局局长发布的指令，做出裁定，裁决通过比对得到的信息，仅限于联邦福利计划中由来源机关所支付利益的确认及数额；或者认为有足够的证据证明，来源机关向

---

[1]　参见《美国隐私法》第16条。

接收机关提供的信息是准确的。（3）当事人收到行政机关发出的通知，通知中包括一份机关裁决，并告知当事人可以对裁决提起抗辩。（4）抗辩机会的小消灭。抗辩期间届满，当事人的抗辩机会消灭。如果在计算机比对中，专门的法律或法规未在抗辩期间做出规定，那么，自行政机关的通知投邮，或以其他方式送达该当事人之日起30日内届满。看来，在美国，进行计算机比对，并非易事，需要预先成立专门机关——信息委员会，需要双方达成书面协议，需要给予当事人抗辩权，需要一系列的法律程序做保障。

第四章　企业管理中的个人信息保护

第一节　我国劳动管理制度

一、劳动关系与用工制度的含义

在我国，劳动关系是指劳动者必须加入某个用人单位成为其一员，并参与该单位的生产劳动，同时遵守单位内部的劳动规则。用人单位则必须按照劳动者的劳动数量或质量支付报酬，提供工作条件，并不断改善劳动者的物质和文化生活。因此，劳动关系是指劳动者与各类用人单位（包括企业、个体工商户、事业单位等）在劳动过程中形成的社会经济关系。从广义上来说，城市和农村的劳动者与任何性质的用人单位之间所形成的社会关系都属于劳动关系的范畴。在这个意义上，劳动关系属于经济基础的范畴。从狭义上来说，劳动关系是指根据国家劳动法律法规规范的劳动法律关系，即双方当事人根据特定的劳动法律规定和确认的权利和义务联系在一起，其权利和义务的实现通常由国家的强制力来保障。①

　　由此劳动关系被摄入了国家与民族意识形态的因素，从而又与上层建筑有关。劳动法律关系是广义的劳动关系在法律上的体现，是劳动关系为劳动法律规范调整的结果。其要素特征为：第一，从主体而言，劳动者与用人单位之间的既具有平等性又有隶属性。平等性体现在建立、存续与终止劳动关系时双方意志独立，隶属性体现在开展生产劳动中劳动者应当遵守用人单位的劳动规则。第二，从内容而言，劳动法律关系的核心和实质，即劳动法律关系主体双方依法享有的权利和承担的义务。该关系中的权利义务以当事人意志为主体但受到国家意志的制约，在社会劳动的长期实践过程中逐渐形成与完善。第三，就客体而言，劳动法律关系主体双方的权利义务共同指向的对象，包括劳动者给付的劳动也包括用人单位向劳动者提供的物质利益。用工制度，是指国家关于企业使用劳动力的各项政策规定以及企业使用工人的各项制度总称。用工制度大体可以分为两种基本类型，即固定工制度和临时工制度。它的主要内容有招收录用、工作期限、工作分配、劳动组织等。显然，用工制度的适用范围较之于劳动法律关系相关制度更为狭窄，因为前者无法调整事业单位的劳动关系。

二、我国劳动用工制度的历史

　　中华人民共和国成立后发布了许多用工制度方面的法律、

---

① 张妍. 劳动关系变化下国有企业组织和员工职业生涯管理研究［D］. 成都：四川大学，2007.

法规和政策规定。但由于历史原因，我国的用工制度经历了曲折的发展过程。我国用工制度的形成阶段是从中华人民共和国成立到1957年。在这个时期，根据实际情况需要，国家实行了统包统配、只进不出的用工制度。这意味着对国民党政府留下的公务员、官僚资本企业的职工以及公私合营企业的职工采取了统一包办的方式，对技工学校、中等专业学校的学生和复员军人采取国家统一分配和安置的方式。然而，这种用工制度存在一些严重弊端，比如过于僵化、包办过多，且不允许流动，不利于企业提高生产效率，也不利于激发劳动者的积极性。因此，为了解决这些问题，在1956年，劳动部提出了改革统包统配的用工办法，建议实行劳动合同制度，允许用人单位自主招聘工人，同时在一定条件下可以辞退工人，也允许工人自由选择职业。在1958年，党和国家根据实践中摸索出来的经验，对用工制度进行了改革。主要内容包括逐步缩小统包统配的范围，提倡半工半读、半农半读的形式，并对新招聘的工人除少数实行固定工制度外，大多数采用劳动合同制，等等。然而这一新的用工制度并未完全落地。20世纪60年代初期，我国采取了少用固定工、多用临时工的劳动用工制度。1964年在矿山井下工人中试行了定期轮换制度，主要使用农村合同工，并实行了亦工亦农的用工制度。但在1966年以后，用人单位又全部开始招聘固定工，并将原先使用的临时工和合同工转为固定工，使得我国的用工制度重新回到了过去的模式。党的十一届三中全会以后，党和国家再提用工制度的改革，主要内容是推行劳动合同制。1986年7月，国务院发布了《国营企业实行劳动合同制暂行规定》《国营企业招用工人暂行规定》《国营企业辞退违纪职工暂行规定》《国营企业职工待业保险暂行规定》，提出在国营企业实行劳动合同制，规定从1986年10月1日起，对新招的工人统一实行劳动合同制，并在全国普遍推行劳动合同制。这标志着我国用工制度有了重大的改革。虽然我国实行劳动合同制不久，但已收到了初步成效，劳动合同制在调动职工和企业两方面的积极性，提高职工队伍素质，提高企业效益和社会效益方面起到了积极作用。我国现行的法律为1995年与2008年先后颁行的《中华人民共和国劳动法》与《中华人民共和国劳动合同法》。

第二节　企业的劳动关系中个人信息保护问题

一、我国劳动关系现状

在劳动关系存续过程当中，用人单位为了对劳动者的档案进行管理并有效组织生产劳动，需要对其个人信息加以存储与传输。在劳动关系终止时，用人单位为满足调离档案等需要也需要进一步处理劳动者个人信息。对此，已经有学者提出，用人单位对于劳动者的个人信息享有知情权，获取与收集其劳动者或者有意图成为其劳动者的个人信息。这一权利的主体是用人单位，行使方式包括自行调取或者要求劳动者提供其个人信息。然而，按照个人信息权的法理，在劳动关系建立、存续与

终止的全过程中劳动者对其个人信息均享有自由支配并排除他
人不法侵害的权利。此外在劳动用工领域中，敏感信息在个人
信息中所占的比重大，种类多。例如有关种族或人种血统、政
治观点、宗教或哲学信仰的信息；例如工会成员身份以及可
以使劳动者代表工会从工资中扣除工会会费的信息；又例如与
支付疾病期间的工资、符合健康和安全标准、提供职业健康计
划、提供保险金或退休金、健康记录等有关信息；再例如与工
作者欺诈调查有关，以确保被判为欺诈的工作者不会被安排在
应受信任的职位的信息。从这个意义上说，在劳动用工领域对
劳动者个人信息的保护显得尤为必要。由此，用人单位对劳动
者个人信息知情的利益与劳动者基于个人信息而享有的人格利
益之间的冲突在所难免，尤其是在劳动关系建立后，二者的关
系往往具有隶属性的情况下，用人单位极有可能利用地位上的
优势任意收集、存储与利用劳动者的个人信息，而由于信息不
对称等因素后者很难知悉以上事情，从而导致劳动者在面临用
人单位侵犯其个人信息权行为时无法或者难以寻求救济。此
外，在人类社会发展的步伐已迈入信息时代的今天，劳动者的
个人信息可以通过 IP 地址、电子邮箱地址、用户名、登录密
码等多种形式体现，传输的方式也扩及 QQ 以及电子邮箱等网
络与电子形式。这样，侵权对象更加多样化而手段更加技术化
与隐秘化。综上，为了确保社会生产劳动活动健康与有序地进
行，需要允许用人单位处理劳动者个人信息；而出于维护劳动
者人格利益的考虑，又应当禁止用人单位任意处理行为。

二、我国劳动关系立法问题

根据我国《劳动法》规定，违反本法规定侵害劳动者合法权益，其他法律、行政法规已规定处罚的，依照该法律、行政法规的规定处罚。其中的"合法权益"应当包括劳动者对其个人信息享有的人格利益。根据我国《劳动合同法》规定，用人单位应当依法建立和完善劳动规章制度，保障劳动者享有劳动权利、履行劳动义务。用人单位应当将直接涉及劳动者切身利益的规章制度和重大事项决定公示，或者告知劳动者；用人单位招用劳动者时，应当如实告知劳动者工作内容、工作条件、工作地点、职业危害、安全生产状况、劳动报酬，以及劳动者要求了解的其他情况；用人单位有权了解劳动者与劳动合同直接相关的基本情况，劳动者应当如实说明。劳动合同应当具备以下条款：劳动者的姓名、住址和居民身份证或者其他有效身份证件号码。下列劳动合同无效或者部分无效：用人单位免除自己的法定责任、排除劳动者权利的。用人单位有下列情形之一的，劳动者可以解除劳动合同：用人单位的规章制度违反法律、法规的规定，损害劳动者权益的。用人单位违反本法规定，扣押劳动者居民身份证等证件的，由劳动行政部门责令限期退还劳动者本人，并依照有关法律规定给予处罚。另外，劳动者依法解除或者终止劳动合同，用人单位扣押劳动者档案或者其他物品的，由劳动行政部门责令限期退还劳动者本人，并处以罚款。

我国现行法虽然映射出立法者对劳动者个人信息加以保护的意图，并且通过相当数量的条文将这一意图做了表达，但对比欧盟的相应规范可以看出，我国的现有规范仍然存在以下方面的不足：（1）所保护的客体范围狭窄。我国《劳动法》将被保护的对象界定为"劳动者的合法权益"，具体权益保护哪些则语焉不详。而根据我国现有的民事法律规范，受保护的个人信息只有与隐私相关的敏感性信息，琐细信息不属于受保护的范围。这样，劳动者受保护的利益范围无疑大大缩小。（2）立法本位失准。在人格利益保护优先的立法理念已主导世界立法的今天，制度安排者首先应考虑到的是如何保障本人对个人信息享有的人格权。而按照我国《劳动合同法》的要求，劳动者"应当如实"向用人单位提供个人信息。按照文义解释与逻辑解释的方法，如果劳动者不提供即承担相应责任。显然这是义务本位的体现，其实只是过去计划经济时指令性立法思想的残存影响，与人格利益保护的本旨是不相容的。（3）与个人信息保护有关的规则不具有可操作性。虽然《劳动法》《劳动合同法》都规定禁止用人单位侵犯劳动者个人信息，但对用人单位如何承担责任的问题几乎未做规定。虽然《劳动合同法》对扣押劳动者档案或者其他物品的用人单位可以追究责任，但是这一责任无法发挥弥补劳动者损害的功能，适用的情形过于狭窄。

第三节　相关法律制度及措施的完善

一、构建新的法律制度

（一）个人信息权本人的权利

劳动者可以通过以下方式行使个人信息权：（1）决定与其个人信息处理相关的事项。对于个人信息决定权，欧盟及其成员国没有直接规定而是通过变通的方式加以表述。譬如欧盟数据保护指令规定，本人"在特定情况下反对对其个人数据的合法处理行为"；又如欧洲议会和欧盟理事会《关于工作场所个人数据处理的第8/2001号意见》要求，"数据主体也有权利因其特殊情况而依据有力的合法理由反对雇主对其数据进行处理，除非成员国法另有规定"。在我国，立法者应当明确规定劳动者本人对其个人信息处理的决定权，唯有如此方能使其有效对抗处于强势地位的用人单位可能实施的不法处理行为。具体而言，个人信息是否以及如何被处理，应当由劳动者决定。用人单位除非在法律有明确规定的例外情况下，不得擅自收集、存储以及利用其员工以及职位应聘者的个人信息。根据《劳动合同法》第8条规定，用人单位有权了解劳动者与劳动合同直接相关的基本情况，劳动者应当如实说明。这一规定实际上将劳动者提供个人信息界定成了义务，显然对维护其人格利益不利。根据个人信息决定权的法理，建议立法者将这一条修改为："在缔结劳动合同过程中，用人单位可以请求劳动者提供相关个人信息。除法律有明确规定外，劳动者可以拒绝提供。劳动者没有正当理由而不提供个人信息的，用人单位可以拒绝缔结或解除劳动合同。"（2）对与个人信息处理相关的事情知情。根据欧盟数据保护指令，任何数据主体都有权：①对与他有关的数据是否正在接受处理的确认，以及获得与数据处理的目的、相关数据的种类和接收数据披露的接收者或其种类有关的信息。②以易于理解的方式了解接受处理的数据的种类以及与数据来源有关的任何可获得的信息。③在自动化处理的情况下，对与其有关的数据的任何自动化处理所涉及的逻辑问题加以了解。在劳动用工领域，劳动者应当有权对以下事项知情：其个人信息被处理的原因、方式、期限以及处理人，其请求查询、封锁与删除所需要经过的程序，不向用人单位提供其个人信息的后果等。（3）在个人信息错误或者过时的情况下，请求用人单位对个人信息加以修改、删除或者更新。（4）当处理时限已到，请求用人单位对个人信息加以删除或者封锁。（5）当用人单位违法实施违法处理个人信息的行为时，提请法律救济。然而，个人信息权的行使在特定情形下也需要受到限制，其主要体现有：第一，出于维护公共利益以及用人单位（或其所在行业）重大利益时，劳动者个人信息被强制处理。例如医院对护士的传染病患病史进行调查与分析。第二，当对个人信息的处理涉及用人单位或者其他主体的商业秘密甚至国家秘密以及其他劳动者的个人信息时，劳动者不得行使查询权或者虽可行使但查询的范围与方式受限。

（二）用人单位的义务与责任

作为个人信息处理者的用人单位，为确保劳动者的个人信息权被充分地行使，应当承担相应义务。一般而言，用人单位应当通过以下方式履行义务：（1）基于合法目的处理个人信息。原则上，用人单位在以收集、存储、传输以及利用等方式处理个人信息之前应当经过作为劳动者的本人许可。另外，在以下情形中，用人单位可以不经本人同意而径自处理：其一，为履行公法义务而披露个人信息。例如，用人单位可以根据法律义务向诸如税务机关等披露劳动者个人信息，或者处理与社会保障金支付相关的个人信息。其二，为满足用人单位、劳动者等劳动合同当事人或者第三方重大利益（比如为保障学生身体健康而对教职工是否患有传染病进行检查）。对此，欧盟数据保护指令规定："为处理数据控制者或接收披露数据的第三方所追求的合法利益的目的而必需处理的，可以不经过数据主体同意，除非数据主体应受保护的基本权利和自由优先于该利益。"其三，其他情形。（2）向本人告知与个人信息处理相关的事情。劳动者对其个人信息被处理的情况有知情权。根据我国《劳动合同法》规定，用人单位应当依法建立和完善劳动规章制度，保障劳动者享有劳动权利、履行劳动义务。用人单位应当将直接涉及劳动者切身利益的规章制度和重大事项决定公示，或者告知劳动者。这一规定过于笼统，在实践中难以有效实施。具体而言，用人单位应当将以下事项告知本人：处理者的身份，处理的原因、方式、期限，采取安全保障措施的方式，劳动者得以请求查询、删除、封锁的途径与程序以及不提供个人信息的后果等。（3）采取适当的措施对个人信息进行保密，以防止被泄露或者篡改。（4）当劳动者对处理个人信息的相关事项进行查询或者申请删除、更新或者封锁时，除非有正当理由，不得拒绝。当用人单位违反以上事项时，应当通过承担民事责任的方式预防或者补救劳动者由此将会或者已遭受的损害，而这正是我国《劳动法》与《劳动合同法》的法律空白。根据侵权责任的一般法理，当用人单位实施违法处理个人信息的行为时，即应当承担停止侵害、排除妨害、消除影响以及恢复原状等责任，而不论其是否具有主观过错以及是否造成了损害。

二、几个特殊问题

（一）劳务派遣

劳务派遣存在于派遣单位与被派遣劳动者之间的劳动合同关系方面。然而，劳动力的支付实际上发生在被派遣劳动者和用工单位之间。劳务派遣的最显著特点是雇佣劳动力和使用劳动力的分离。劳务派遣涉及以下社会关系方面：（1）劳务派遣单位与被派遣劳动者之间的关系。劳务派遣单位与被派遣劳动者之间的关系是根据双方签订的劳动合同建立的劳动关系。根据《劳动合同法》关于劳务派遣合同的规定，劳务派遣单位与劳动者之间的关系是劳动关系，双方享有《劳动法》规定的权利和义务。（2）用工单位与被派遣劳动者之间的关系。用工单位与被派遣劳动者之间不存在劳动关系，尽管劳动者直接向用工单位提供劳动，但实际上只存在事实上的劳动力使用关系，而没有劳动法律关系。（3）劳务派遣单位与用工单位之间的关系。劳务派遣单位与用工单位之间实际上是一种劳动用工服务关系。劳务派遣单位向用工单位派遣劳动者，是被派遣劳动者的用人单位，而用工单位是劳动者实际上的使用者。为满足用工单位使用劳动力的需要，用人单位通常将其存储的劳动者个人信息传输给用工单位，并由其对个人信息做进一步的处理。在这种情况下，劳动者的个人信息保护同时面临着来自用人单位与用工单位的法律风险。而我国《劳动合同法》对于用人单位与用工单位侵犯个人信息权如何处理问题未做规定，这无疑成为影响劳动派遣秩序的重大隐患。

关于用人单位的侵权后果著者在上一部分已做了阐述，现仅探讨用工单位侵权的问题。由于作为派遣接受方的用工单位与被派遣的劳动者不存在劳动合同关系，因此劳动者不能以用工单位侵害其个人信息为由主张合同责任。根据民事责任的一般法理，劳动者可以通过以下两种途径预防或补救其损害：其一，向作为派遣方的用人单位主张违约责任。《劳动合同法》与《合同法》之间属特别法与一般法的关系。因此，即使在用人单位与劳动者未对前者尊重后者个人信息权问题进行约定的情况下，用人单位也应当根据《合同法》承担不侵害劳动者个人信息的附随义务。当作为劳动合同第三方的用工单位违反该义务时，劳动者可以依照《合同法》第121条规定向用人单位主张违约责任。其二，向用工单位主张侵权责任。个人信息权属绝对权，任何主体（包括用人单位与用工单位在内）都应当尊重。

（二）用工监控

我国现在还没有用工监控的措施。过去几年来，欧洲的用工单位正日益普遍地使用影像采集系统的方式对雇员的生产劳动情况进行监控，闭路系统、摄像机和其他更成熟的监控工具正在被推广应用于各行各业的生产与服务部门。而且，可用技术、数字化和小型化的发展也极大增加了在内部网络和互联网上部署影像声音记录设备的机会。在经济全球化以及信息国际化的背景下，以上做法必将为我国很多用人单位所采取。这一监控方式将意味着对个人信息收集的高效率化与传输的跨地域甚至国界，在促进生产劳动效率提高以及社会生产秩序稳定的同时，也给劳动者的个人信息权保护带来了新的挑战。欧盟及其成员国为通过立法统一建立安装视频监控设备所应适用的先决条件和限制制度，以对作为个人信息本人的劳动者权益加以必要的保障，在进入21世纪以来已做了广泛的讨论。迄今，该地区对这一问题已形成较为一致的看法。例如根据《欧盟基本权利宪章》规定，在监视过程中持有或使用的任何个人数据都必须是充分、相关的，而且与合法监控的目的相比不显过度。任何监控都必须以最小侵害的可能方式实施。它必须以可能存在风险的区域为目标，考虑数据保护规则，而且在可行的情况下遵守通信秘密原则。面临电子监控即将被广泛应用于我国劳动用工领域的现状，立法者也应当做相应的制度安排，以协调提高生产劳动效率与劳动者人格利益保护之间潜在的矛盾。我国可以参照欧盟等国外先进地区的做法，对作为监控人的用人单位加以特定的义务。一方面，用人单位应当保证电子监控手段必须根据充分、相关和不过度的原则使用，而且不能以不符合收集时目的的方法进行其他处理，同时必须在有限的期间保留。另一方面，在视频监控环境下，用人单位在处理敏感信息时应当遵循特殊的安全保障措施。这些措施包括：用符合行业标准的设备进行监控，如固定或者移动的摄像头。考虑已储存的影像进行放大或对现场实施变焦拍摄的可能性以及模糊和删除个人影像的可能性。

第五章　电子商务法中的个人信息保护

第一节　电子商务活动与个人信息保护的关系

一、电子商务

电子商务是指利用计算机和网络技术以及现代信息通信技术，按照一定标准并借助电子化工具，在广义上实现商业交换和行政作业的全过程。它涵盖了传统商业活动各环节的电子化和网络化，包括电子交易在内。电子商务的基本环节包括电子货币交换、供应链管理、电子交易市场、网络营销、在线事务处理、电子数据交换、存货管理和自动数据收集系统等。① 通过电子交易方式进行交易活动和相关服务活动，电子商务实现了商贸活动的数字化和便利化。按照交易主体的身份不同，可以将电子商务划分为企业与企业的电子商务、企业与消费者的电子商务、企业与政府的电子商务以及政府与个人的电子商

---

① 代晓静. 对电子商务环境下税收问题的探讨 [J]. 时代经贸（下旬刊），2008（3）：
20.

务。按照活动内容的差异，可以将电子商务分为贸易型电子商务与服务型电子商务。本节所涉及的电子商务主要是关于营销方面的，主要包括企业之间以及企业与消费者之间以贸易为主的相关活动。

作为营销的一种特有模式，电子商务较之于传统直销具有以下特征：（1）手段的网络化与无纸化，相对于主要以纸质形式展开的传统直销，电子商务几乎均通过网络传输与电子储存的方式进行。由此，以电子商务方式实施的直销行为通常在虚拟的环境下进行，这不同于传统直销主要表现为通过客户与经营者以及经营者当面交易的形式。对此，有的学者旗帜鲜明地提出电子商务引出了21世纪的虚拟经济。（2）过程的匿名性。在传统的现实交易前提下，直销经营者与目的客户之间通常以面对面的方式接触，双方的身份、偏好等重要信息易于查知。而在电子商务的背景下，经营者通常通过计算机传播与接收相关信息。随着网络科技的发展，计算机使用者利用声音或者图像直接进行沟通的技术已经日趋成熟和完善，这样使网络上的使用者对自己进行伪装也就非常自然和方便。（3）地域突破国界的限制。交易的网络化使得传统国家的藩篱被打破，这使得包括直销在内的一切经营活动全球化，任何国家均不可能排除于他国之外而独立发展。

在世界先进国家与地区内，电子商务立法是20年前被提上日程的。1996年，联合国国际贸易法委员会就制定了《电子商务示范法》。1998年5月，WTO132个成员国签署了《电子商务宣言》。1999年9月，在巴黎召开了许多大企业参加的全球电子商务会议。1996年欧盟设立了一个工作小组来统筹欧洲的电子商务行动，1997年4月，欧盟出台了《欧洲电子商务行动方案》。1999年12月，欧盟15国负责欧洲统一市场的部长通过了一项电子商务的统一法规。而在我国，对电子商务的法律规制同步于甚至早于世界。早在1991年在国务院电子信息系统推广应用办公室的牵头下，就发起成立了"中国促进EDI应用协调小组"，标志着电子商务已经在我国起步。1996年2月，中国国际电子商务中心成立。1999年，我国立法机关在制定电子商务框架的同时，政府也采取了许多切实可行的措施，推动电子商务的发展。2000年1月12日，国家经贸委和信息产业部共同发起"企业信息化工程"，把企业电子商务建设作为一项重要工作内容。2000年2月，我国颁布了《中国电子商务发展战略纲要》，纲要成为我国企业利用互联网进行电子商务活动的指导性文件。

我国现有电子商务立法是2018年制定的，2019年1月1日实施的《电子商务法》。电子商务对经济的促进作用，使世界各国开始重视通过政策和法律手段规范这种新兴的商务活动，保障交易的安全和公平，从而使经济更持续、稳健地增长。但是，在立法方面，各国的考量却不尽相同。因为应该以何种立法规范电子商务活动的问题，涉及电子商务法的性质和它在各国现存法律体系中的地位。电子商务在迅猛发展的同时，却遭遇传统法律规则和商业惯例的阻碍，并使传统的民商事法律调整出现了在电子商务上的虚位，电子商务的健康发展陷入瓶颈。

　　因此，电子商务对传统法律提出了严峻的挑战：第一，电子商务对交易主体的挑战。在线交易不同于现实交易的本质在于其运行的环境和使用的手段不同，交易主体的"虚拟性"以及数字化信息所具有的更易复制、修改、传播等特点，使其对应主体的权利更易受到侵犯，这些都给传统法律对主体的认定和保护提出了严峻的挑战。第二，电子商务对交易主体认定问题的挑战。在线交易的运行环境是基于网络空间，并运用电子手段来达成交易，主体在网络空间中的表现形式多样，商事的活动范围不受地域的限制，造成行政监督管理的困难。根据民事主体的法定原则，法律并不承认虚拟主体，因此，对于在线交易主体的虚拟性问题该如何解决对现有法律提出挑战。电子商务的发展使得电子商务主体进入电子商务市场的难度降低，这就使得对交易资格的认定需进行明确规范。对于新出现的一些交易主体如在线服务提供商，对于其的权利和义务也必须进行明确的规范，才能更好地促进电子商务的发展。第三，电子商务对交易主体的保护的挑战。由于电子商务的虚拟性和开放性，使得网上产品或广告信息的真实性、有效性难以得到保障。网上消费者对商品和服务的知情权，以及一旦出现了质量问题，修理、退货、索赔或其他方式的救济都难以得到保障。在线消费者的个人信息随时都存在被非法收集或扩散的危险。由于电子商务的跨国界性，使得消费者进行在线消费时，可能丧失本国消费者保护法的保护等问题。所以，应当考虑电子商务消费者的消费特点，制定新的电子商务消费者权益保护规则。第四，电子商务对知识产权的挑战。在互联网上，信息的来源主要有网外媒体、其他网站转载和原创等。然而，信息技术使得存储和转载这些信息变得非常容易，在这种环境下就极易造成一些侵权行为。因此，在电子商务快速发展的同时，传统的知识产权法面临着如何认定电子商务中的侵权行为，以及如何保护电子商务中出现的新的知识产权等问题。为解决这些新问题，国际社会一方面通过制定新的公约加以协调，另一方面要求各国知识产权法做出相应的调整，以适应全球电子商务发展的需要。第五，电子商务对交易行为过程的挑战。电子商务的在线交易主要是基于电子数据的传输，交易的行为发生了变化，传输的信息，主要是电子信息，将过去传统有形的存储介质转换为了无形的数字存储介质。这时，对于这种数据电文形式的信息其法律效力该如何进行界定，这是值得思考的问题。第六，电子商务对合同法的挑战。由于法律规则的缺陷，使得电子合同的合法性及其效力没有法律依据。在电子商务实施中，交易信息是以数据电文的形式传递的，电子合同的形式的认定（口头的、书面的，以及其他），电子要约和承诺的构成与生效的条件，合同成立、生效的时间和地点如何界定，电子合同的证明力，等等。这一系列问题都是传统合同法难以回答和解决的，这就要求我们研究制定新的合同法规则或建立电子商务法。第七，电子商务对证据法的挑战。计算机网络是一个数字化的虚拟空间，行为人、行为甚至证据等都表现为二进制式的电子数据形式。在传统的诉讼法中，证据的种类、证据的形式、证据的证明力等都与有形介质的证据存在一定的关系。而在虚拟空间，证据的表现形式如何认定，如何提取与保全证据，以及哪些证据可以被采纳，如何认定证据的证明力等，这些都是电子商务对现有的证据法提出的挑战。第八，电子商务对金融相关法律的挑战。电子商务的发展促进了金融电子化的发展，网络银行成了网络经济时代一种崭新的金融商务形式，同时，也诞生了许多新型的支付手段和方式，如电子现金、电子支票、电子信用卡等。对于这些新型的在线支付手段是否具有法律效力，支付过程中安全如何进行保证，如何进行网络金融监管等问题都急需进行解决。第九，电子商务对国际私法的挑战。国际私法的传统管辖权规则是以地域、当事人国籍以及当事人的意志为根据而确立的。随着电子商务的应用，以当事人的意志为根据的管辖规则面临的冲击较小，而以地域和当事人国籍为根据的管辖规则面临的挑战较大。因为它们是建立在物理空间基础上以空间中具体的场所作为法院行使管辖权的根据。电子商务是以互联网作为平台的商业交易活动，在空间上不受国界限制。然而，与现实世界的物理空间相比，网络空间与具体地点没有一一对应的关系，因此确定网上活动发生的具体地点和范围是困难的。网上交易的主体多以网址形式存在，然而网址本身是无形的、非实体的、虚拟的，难以确定其真实名称和国籍。因此，传统的管辖规则在处理电子商务案件时面临新的挑战。第十，电子商务也对传统税收制度提出了挑战。传统的税收制度建立在属地原则和属人原则的基础上，而网上交易通过大量的电子操作进行，账簿和发票都可以通过电子形式填制，数据信息容易被删除、修改和复制等，这给税务部门获取真实交易信息造成了一些现实的困难。因此，为适应电子商务交易的特点，有必要制定电子商务税收法律制度。

此外，电子商务的无地域限制以及信息的数字化等特点，给电子商务的发展带来了无限的商机，但同时也给整个电子商务发展的市场环境的规范提出了严峻的挑战。因此，客观上就要求建立起促进电子商务健康有序发展的民商事法律体系，以弥补现有民商事法律的缺失，尽快确立电子商务活动必要的法律规则，为电子商务的发展创建一个良好的法律环境。

二、个人信息面临的新挑战

从保护对象的角度看，网络的数字化特征使得几乎所有目的客户的个人信息都以数字的形式体现，而数据成为电子商务背景下个人信息的主要甚至唯一载体。此外，消费者等目的客户的个人信息已经突破原来的姓名、籍贯、体态特征等传统范围，扩及电子邮箱地址、个人网站网址与域名、IP 地址、网络用户名、密码等。从权利的行使方式上看，由于网络的广泛采用，个人信息的跨地域与行业传输及利用成为可能，而以上过程又伴随着无法估量的经济利益。如果说，传统直销活动主要影响到客户对其个人信息的人格利益，那么在电子商务领域，直销活动中客户对其个人信息享有的权益更多是财产性的。从个人信息处理的方式上看，经营者采用电子商务运行模式进行直销得以大大降低宣传成本并增加潜在顾客的数量，从而有利于实现营销领域的效率化与集约化。然而这种模式对个人信息保护带来的风险也是传统直销等有过之而无不及的。例如，网络直销者通常以网络小甜饼（cookies）等软件追踪目的客户在网络世界里的消费与交易行为，收集与分析其个人兴趣与偏好，从而开展具有针对性的直销业务。再如，直销经营者为了提高营销运作效率，通常倾向于将其掌握的客户个人信息存放于数据库中，经过对信息分析、挖掘与加工后将其通过交易等方式传输于其他经营者，这一过程被称为对个人信息的"第二次利用"。① 而网络直销者的收集与分析行为在很多情况下都是在目的客户不愿意甚至根本未得知的情况下实施的。在这样的情况下，侵权行为也体现出与其他营销活动不同的特征：其一，对个人信息的非法收集与利用往往是通过数据搜索手段实施的，其隐秘性使得客户事前防不胜防而事后难以察觉，客户即使察觉也很难对侵权人的主观过错与违法行为举证，在享有的侵权责任归责原则指引下其很难获得有效救济。其二，侵权的形式更加多样化。传统的直销活动经营者更多地通过较为单一的偷听、偷记等方式侵害客户个人信息权，然而网络直销经营者与服务商可以通过使用追踪软件以及黑客程序侵入客户的个人信息数据库，从而非法窃取、传输与利用这些信息。

第二节　外国相关法考察

　　欧盟组织通过设立特别委员会来敦促各国以立法的形式保护网络个人信息的权利，并对与欧盟有电子交易的他国的网络

---

① 刘新宇. 数据权利构建及其交易规则研究［D］. 上海：上海交通大学，2019.

个人信息保护标准也提出了建议性要求，从而将欧盟所确立的网络个人信息保护标准提升为国际标准。在立法形式上，欧盟通过一般法与特别法对电子商务活动中的个人信息处理行为加以双重规制。在一般法方面，1995年欧盟颁布了规制一切领域个人信息处理与保护问题的《个人数据保护指令》。根据该指令规定，包括电子商务在内的一切活动参与者在处理他人个人信息时，均应当遵循以下原则：（1）数据质量原则。根据该原则，个人信息处理者以特定、明确且合法的目的搜集，不得随意超越该目的实施处理行为，对于个人信息必须确保其正确与重新状态。（2）数据处理合法原则。据此，对个人信息的处理必须基于合法事由，合法事由包括本人同意、为保护个人之重大利益以及为维护公益等。（3）敏感数据的处理原则。这一原则要求，有关种族血缘、政治意向、宗教或哲学信仰、商会会员、健康或性生活等皆属于敏感个人信息，对于这些信息原则上禁止处理。（4）告知当事人原则。根据该原则，个人信息处理者应当将处理之目的、个人信息接受者、本人不提供信息的后果及其享有的权利向其告知。另外，个人信息本人在网络营销者处理其个人信息时可以行使以下权利：其一，接触的权利。指令规定个人信息本人有权了解与确认与其有关的个人信息处理的事由、方式与期限。其二，更正删除或封存权。当处理行为违法时，本人得以请求处理者停止实施该行为。其三，提请救急的权利。在特别法方面，欧洲委员会的议员大会早在1968年曾提议，应当对欧洲人权公约适用于信息技术领域的私人秘密进行保护。接着，欧洲委员会的部长委员会 (Committee of Ministers) 于1981年1月在法国斯特拉斯堡通过了《在个人数据的自动处理领域保护个人的欧洲公约》(Council of Europe: Convention for the Protection of Individuals with Regard to Automatic Processing of Personal Data), 简称《欧洲数据保护公约》。欧盟数据保护工作组于1999年2月23日又颁行了《关于互联网上个人数据处理的工作文件》。这两个立法文件对与互联网有关的个人信息处理术语做了阐释，授予互联网特别工作组一定监管职权，对电子商务领域个人信息处理规则做了特别规定，从而起到了专门保护客户在该领域的权益之作用。

以上立法例可以看出，欧盟立法者几乎没有任何保留地优先维护人格利益。与此不同的是，立法者在面对其他领域（如新闻报道）的类似利益冲突时，还在一定程度上兼顾与人格利益相对抗的利益。譬如著者在前面章节提到，当处理人为行使言论自由权而收集与传输个人信息时，本人的权利将受到限制。应当说立法者的这一态度差别科学地体现了权利位阶原理：表达自由权作为公民政治权利，较之于作为商事权利的营业自由权无疑处于更高的位阶，从而对个人信息权形成更多的限制。另外根据比例原则，执法者在满足公共利益的尺度内对私权利的限制必须合乎比例，被牺牲的私益不得显著大于被满足的公益。

第三节　我国现行法律规定

《中华人民共和国电信条例》规定，任何组织和个人不得"利用电信网从事窃取或者破坏他人信息、损害他人合法权益的活动"。《计算机信息网络国际联网管理暂行规定实施办法》规定，不得在网络上散发恶意信息，冒用他人名义发出信息，侵犯他人隐私权。《计算机信息网络国际联网安全保护管理办法》规定，用户的通信自由和通信秘密受法律保护，任何单位和个人不得违反法律规定，利用国际互联网侵犯用户的通信自由和通信秘密。对于后一问题，《维护互联网安全的决定》规定，从事互联网业务的单位要依法开展活动，发现互联网上出现违法犯罪行为和有害信息时，要采取措施，停止传输有害信息，并及时向有关机关报告。根据国务院颁布的《计算机信息网络国际联网管理暂行规定》，从事国际联网业务的单位和个人，应当遵守国家有关法律、行政法规，严格执行安全保密制度，不得利用国际联网从事危害国家安全、泄露国家秘密等违法犯罪活动，不得制作、查阅、复制和传播妨碍社会治安的信息和淫秽色情等信息。另外，根据信息产业部出台的《互联网电子公告服务管理规定》，互联网接入服务提供者应当记录上网用户的上网时间、用户账号、互联网地址或者域名、主叫电话号码等信息，记录备份应当保存60日，并在国家有关机关依法查询时，予以提供。

我国对网络直销活动的个人信息处理活动设立了较为成熟与完善的制度。一方面，电信条例等明确规定了对客户网络隐私权加以保护。虽然缺乏关于行使方式、侵权行为认定以及责任承担方式的表述导致这些规定很难对侵权行为起到抑制作用，但至少通过宣示人格至上的价值理念在一定程度上震慑了网络直销者违法处理客户个人信息的行为。另一方面，计算机网络管理办法等对经营者侵犯个人信息权的行为的认定以及责任承担等做了初步规定。在立法形式上，先进国家与地区无不将个人信息的一般立法与电子商务或者网络直销领域对于该问题的特别立法相结合，例如德国将《资料法》与《网络服务提供者责任法》结合，又如欧盟在《数据保护指令》之外加上《关于互联网上个人数据处理的工作文件》。这样的模式既能保障个人信息处理与保护的一般规则能够穷尽无遗地被适用于网络直销当中，又能有效应对个人信息保护在这一活动中所面临的特殊法律风险。而在我国缺乏统一的个人信息保护法典的情况下，对网络直销活动中的个人信息保护规范分散地点缀着数个行政法规或者部门规章。这样，目的客户不仅不能对抗电子商务领域经营者实施的特殊侵权行为，而且难以获得最起码的保护。在具体制度上，无论是在欧美还是我国台湾地区，立法者首先按照网络直销领域个人信息处理与保护的特征确立立法原则，以此为基础设立客户个人信息权、直销经营者义务以及责任具体制度，对包括隐私以及琐细信息在内的一切个人信息予以保护。

新的《电子商务法》适用于电子商务经营者，包括通过互联网等信息网络从事销售商品或者提供服务的经营活动的自然人、法人和非法人组织，有平台经营者、平台内经营者和自建网站、其他网络服务销售商品或者提供服务的电子商务经营者三类。需要注意的是，《电子商务法》通过"其他网络服务"将利用微信朋友圈、网络直播等方式从事商品、服务经营活动的主体纳入《电子商务法》规制范围，有利于加强对相关领域的监管。《电子商务法》保护的客体是网络运行安全和个人信息安全。《电子商务法》第三十条规定，电子商务平台经营者应当采取技术措施和其他必要措施保证其网络安全、稳定运行，防范网络违法犯罪活动，有效应对网络安全事件，保障电子商务交易安全。第二十三条规定，电子商务经营者收集、使用其用户的个人信息，应当遵守法律、行政法规有关个人信息保护的规定。第二十四条规定，电子商务经营者应当明示用户信息查询、更正、删除以及用户注销的方式、程序，不得对用户信息查询、更正、删除以及用户注销设置不合理条件。《电子商务法》第三十一条规定，商品和服务信息、交易信息保存时间自交易完成之日起不少于3年。同时，要求电子商务经营者保证数据的完整性、保密性、可用性。可见，《电子商务法》进一步细化了《网络安全法》对数据存储在特定领域的时间要求，数据类型也具体化为商品、服务交易信息。《电子商务法》第十八条规定，电子商务经营者针对消费者个人特征提供商品、服务搜索结果时，要一并提供非针对个性推荐选项，通过提供可选信息保护消费者的知情权、选择权。这样的规定有利于防止电子商务经营者利用大数据分析"杀熟",即收集用户画像、支付能力、支付意愿实行"一人一价",甚至出现"会员价"高于正常价格的情况。《电子商务法》则进一步明确了删除的方式和程序。第二十四条规定,电子商务经营者应当明示用户信息查询、更正、删除以及用户注销的方式、程序,不得对用户信息查询、更正、删除以及用户注销设置不合理条件。

第四节　我国相关法律制度探索

一、立法原则

美国于1995年10月发布的《个人隐私与国家信息基础结构》白皮书指出,在网络(交易)环境下对个人信息的保护应当遵循"告知"与"许可"两大原则。其中,"告知"是指网络经营者应当事前将其处理个人信息的目的、手段与期限等向作为本人的客户告知;"许可"是指直销商只有在客户同意的情况下才能收集、利用与传输后者的个人信息。欧盟及其成员国将原则表述为:资料品质、限制收集与利用、安全保护、个人参与等。既然电子商务属于直销的子领域,那么从事该行业的经营者就应当遵循在直销中处理个人信息的基本原则,即客户许可原则、客户个人信息权保障原则以及权利限制原则。然而,考虑到电子商务较之于传统直销的特殊性,以上原则又应当被赋予特殊的含义。就客户许可原则而言，传统的直销活动实施者往往当面向目的客户展开活动，由此客户对其个人信息被处理的相关事由较易了解，是否同意的意思表示也能以明显的方式做出。然而在电子商务背景下，直销经营者通常通过发送电子商业邮件的方式向客户告知并征求其意见，这虽然降低了交易成本，但对于如何判断客户是否同意成为一个难题。而根据加拿大于2001年通过的《个人信息保护和电子文档法》，如果客户在其个人信息被处理前已获知处理目的，而且处理目的是合理的，那么法院则应该认定经营者的处理行为合法。著者认为，若将这两种模式中的任意一种不加变通地照搬到我国都有所不妥。在我国作为朝阳产业的电子商务处于起步阶段，如果像欧盟那样规定经营者在实施任何处理客户个人信息的行为之前都要经过本人明示同意，难免会降低运作效率，这不仅抑制了网络营销的发展而且也有违商事效率原则。客户的个人信息维系着人格尊严与自由等重要法益，如果像加拿大那样只要求经营者征得客户的默示同意即可，则可能为前者侵害后者的人格利益大开方便之门，这与新时代人格至上与人格保护优位的价值理念格格不入。因此建议，当直销经营者通过网络对客户的隐私进行处理时，必须征得后者的明示同意。在处理对象为琐细个人信息时，一般默示即可。明示同意一般容易判断，而如何判断默示则较难，此时应当根据具体情况做不同处理。

网络侵权行为的隐秘性以及手段的多样化使得传统保护个人信息的安全措施难以奏效。比如，偷窥者可以通过窃取密码等方式非法进入经营者数据库，以盗窃客户的个人信息，这方面的案件已在我国发生过。为了维护客户人格利益不受侵犯，立法者应当对作为其个人信息储存者的网络直销者增加更重的义务，即采取合理的安全措施防止他人未经许可访问信息库，同时采取适当措施确保信息库中的客户个人信息处于正确、完整与更新状态。这里需要探讨的是，如何能被视为措施"合理"与"适当"？在窃密技术日新月异的今天，要求安全措施必须能对抗一切侵犯行为未免强人所难。因此，只要经营者所采取的措施能够达到行业的一般标准（例如360安全卫士实施保护处于最新状态），即可以被认定为采取了安全与适当措施。另外，在对于措施是否被采取或者合理与适当等问题发生争议时，为了合理配置当事人之间的举证成本从而实现帕累托最优效应，应当由保存客户个人信息的网络直销者提供证据。

二、客户权利

关于客户对个人信息享有什么样的权利，学术界中流行的学说可谓五花八门：其一，"资料隐私权"说。持该说者认为，在网络空间，保护个人信息的主要目的是防止网络经营者等主体出于好奇与商业目的偷窥本人的隐私，而资料隐私权符合这一目的。其二，"网络隐私权"说。有人将该权利定义为公民在网上的私人信息依法受到保护，不被他人非法侵犯、知悉、收集、利用和公开的一种人格权。[①] 认为禁止在网上泄露某些个人相关的敏感信息，包括事实、图像以及毁谤的意见等。其

---

① 高贞. 论网络隐私权的刑法保护 [J]. 学术论文联合比对库，2021（3）：18.

三，"个人网上资料隐私权"说。持该说者认为，现代网上隐私的概念属于个人信息或者资料隐私权的范畴，它所指的是个人资料在互联网上传递时所产生的对个人资料的保护问题，故个人网络隐私应被称为"个人网上资料隐私权"为宜。[①] 以上提法值得商榷。首先，"资料"在英文中的对应词汇是 file 或者 datum，都不能表征个人信息的可流动性与知识性，因此在这一点上远不如"信息"（information）那样全面与直白。另外，隐私属于敏感个人信息，因此无法概括具有公开性的诸如姓名、籍贯、穿着与饮食偏好等的客户信息，因此某某"隐私权"等有以偏概全之嫌。此外，包括权利名称在内的法律术语应当通过最简洁的词汇直观地概括出法律现象的本质。传统直销也好，电子商务也罢，都只是经营者处理个人信息的手段或者方式，其本质都是他们对客户个人信息享有的权益所造成一定影响，这与其他领域没有任何区别，不同的只是影响的方式罢了。因此为了客户人格尊严与自由不受侵害，都应当赋予其对自己个人信息自主决定与排除他人不法干涉的权利，即"个人信息权"。

客户权利除具备专属性、绝对性、支配性与永久性等共同特征外，还有着以下特殊之处：（1）客体的数字化。在其他领域，作为权利客体的个人信息通常以资料单与客户单等纸质形式储存。而网络的数字化使得几乎所有目的客户的个人信息都以数字的形式体现并以数据库的形式存续。此外，消费者等目的客户的个人信息已经突破原来的姓名、籍贯、体态特征等传

---

① 何大勇. 论网络环境下个人资料隐私权及其保护 [D]. 上海：华东政法学院，2005.

统范围，扩及电子邮箱地址、个人网站网址与域名、IP 地址、网络用户名、密码等。（2）内容的多样化。在其他领域，本人在一般情况下主要通过预防与排除他人对其个人信息违法或者不当处理行为来行使权利，个人信息权的内容主要是消极性的。而在营销领域，个人信息的收集、分析与传输能够带来经济利益，特别是在电子商务的环境下，网络与数据库的应用使得客户个人信息可以跨越时间与地域传输。这样，客户可以通过将其个人信息许可他人使用来获取利益。

电子商务活动中的客户得以通过以下方式对其个人信息行使权利：（1）决定其个人信息是否以及以何种方式被经营者处理。（2）保持其个人信息的隐秘状态。（3）对于其信息被收集与处理的事由、方式与时限等内容，得以向信息收集与处理者查询。（4）对于过时、错误的个人信息，得以请求收集与处理者更新、更正或者删除与封锁。（5）当其个人信息被处理的事由消失或者时限届至，得以请求处理者对信息加以删除或者封锁。基于该领域个人信息保护的特殊性，作为本人的客户还应当通过以下特殊方式享有权利：（1）对其个人信息通过何种渠道以及通过哪些技术手段处理加以选择与决定，并得以请求网络经营者向其告知处理个人信息的技术手段以及保密措施。（2）请求经营者采取必要与合理的措施，以保障其个人信息处于完整、更新与正确的状态。

三、网络直销者义务

我国新的《个人信息保护法》赋予大型网络平台特别义务，

互联网平台服务是数字经济区别于传统经济的显著特征。互联网平台为商品和服务的交易提供技术支持、交易场所、信息发布和交易撮合等服务。在个人信息处理方面，互联网平台为平台内经营者处理个人信息提供基础技术服务、设定基本处理规则，是个人信息保护的关键环节。因为提供重要互联网平台服务、用户数量巨大、业务类型复杂的个人信息处理者对平台内的交易和个人信息处理活动具有强大的控制力和支配力，所以在个人信息保护方面应当承担更多的法律义务。据此，《个人信息保护法》对这些大型互联网平台设定了特别的个人信息保护义务，包括：按照国家规定建立健全个人信息保护合规制度体系，成立主要由外部成员组成的独立机构对个人信息保护情况进行监督；遵循公开、公平、公正的原则，制定平台规则；对严重违法处理个人信息的平台内产品或者服务提供者，停止提供服务；定期发布个人信息保护社会责任报告，接受社会监督。《个人信息保护法》的上述规定是为了提高大型互联网平台经营业务的透明度，完善平台治理，强化外部监督，形成全社会共同参与的个人信息保护机制。

网络直销者义务应当通过以下方式承担义务：（1）在处理客户个人信息前原则上应当征得其书面同意，否则处理行为视为违法。（2）不得超过事先经过客户同意的目的强制收集、处理或者披露客户个人信息。（3）对于收集或者存储的个人信息数据库以可靠的网络技术手段保密。（4）在接受相关机构监管同时，通过网络经营者行业自律方式约束该行业中的经营者处理个人信息的行为。（5）当客户就个人信息被收集与处理的状况进行查询，以及在特定事由产生时请求对个人信息更新、更正、删除或者封锁时，应当予以配合，在没有正当理由的情况下不得拒绝。（6）在保存时限届至后应当主动封锁或者删除客户的个人信息。

四、对侵权行为的认定和处理

面对网络经营者等主体可能实施的侵害客户个人信息权的行为，只有建立对客户的救济机制方能真正做到对其人格尊严与自由的有效维护，而这需要以认定侵权行为为前提。然而，如何在电子商务环境下认定行为人侵害个人信息权是一个放之四海而皆难的问题。不只是我国，即使是欧盟与美国等先进国家与地区对此都难以做穷尽性的规定。但在实务中，以下行为可以被认定为对个人信息权的侵害：（1）违法或不正当处理个人信息。当网络经营者等主体未经客户许可或者超出被许可目的处理个人信息时，应当被视为侵害了客户对其个人信息的决定权。（2）未经客户许可而对其个人信息进行第二次开发利用。所谓第二次开发利用，是指个人信息处理者利用其所掌握的客户个人信息建立起综合的数据库，然后经采取数据加工以及挖掘等方法，从数据库中分析利用。（3）擅自对客户个人信息进行交易。个人信息交易通常以经营者之间交换或者由经营者有偿转让于他方为表现形式，但以上行为在实施前未征得作为本人的客户同意甚至根本未向其告知时，其违法性显而易见。（4）非法泄露客户个人信息。网络直销经营者在没有合法事由（如本人同意或者维护公共利益等法定情形）情况下向他人披露客户个人信息，也构成侵犯个人信息权的行为。

仔细分析以上四种侵权形态，我们会发现它们的实施者既包括与客户已建立或者将建立合同关系的主体（如网络直销者以及网络服务商），也包括与客户没有建立合同关系的主体（如对他人隐私好奇的黑客以及第二次开发利用的信息接收者）。很显然，前一类主体侵害客户个人信息的行为既属于违反合同义务（包括先契约义务、约定义务以及附随义务）又构成侵害个人信息权的行为，而后一类主体的行为则仅构成侵权。侵权责任是指行为人因实施对他人绝对权的侵害而应当承担的不利后果。侵权责任的构成要件不能一概而论，应当视责任承担方式不同而有所区别。一般地，行为人须具有主观过错、实施了违法行为、导致权利主体受到损害，并且违法行为与损害后果之间具有因果关系，损害赔偿责任方产生。考虑到电子商务环境下侵害个人信息权的行为往往具有隐秘性以及手段的多样性，由作为本人的权利对行为人基于主观过错实施违法行为举证颇难，建议规定由行为人对不构成以上两要件举证，否则推定成立。而对于停止侵害、排除妨碍以及消除影响等责任而言，只需要违法行为一项构成要件即可。侵权责任承担方式当中被适用得最多的当属损害赔偿。按照产生原因不同，损害赔偿可以分为物质与精神损害赔偿，前者因物质利益被侵害而起，后者因精神利益被侵犯而生。个人信息属于客户人格利益的一种，因此其理当向侵权人主张物质损害赔偿。同时在电子商务背景下实施的侵害个人信息权行为往往出于商业利用目的，从而也侵害了客户的物质利益，因此其也得以向侵权人主张物质损害赔偿。

缔约过错责任是指作为网络直销者与网络服务商的合同当事人在缔结合同时因为主观过错使客户个人信息权受到侵害而应当承担的不利后果。该责任的要件为：（1）侵害个人信息权的行为发生于行为人与权利人合同缔结过程中；（2）行为人在主观上具有过错；（3）行为人违反了合同订立之前应当承担的相应义务；（4）因为行为人违反义务的行为造成了相对人个人信息等利益遭受侵害，或者在遭受侵害同时使合同不成立、无效或者被撤销。该责任的承担方式视行为导致的后果差异而有所不同：当侵权行为导致客户对个人信息利益受损同时使合同无法成立生效时，既应当承担因此对客户造成的相应损失，又应当赔偿客户信赖因合同成立生效而应当享有的利益损失；当个人信息权被侵害而合同仍然得以成立生效，则只赔偿前一种损失。违约责任是指网络直销者以及网络服务商等违反与客户签订的合同义务，实施了侵害客户个人信息权的行为而应当承担的不利后果。该责任的构成要件为：（1）行为人基于其与权利人之间已经成立并生效的合同关系而承担尊重客户个人信息权义务；（2）行为人实施了违反以上义务的行为。直销经营者或者网络服务商在与客户签订或者履行合同时，侵害了后者的个人信息权，将会产生侵权责任与合同责任的竞合。如果侵权行为发生在合同缔结过程中，构成侵权责任与缔约过错责任的竞合。这种竞合的条件除了侵权行为实施于缔约中，还包括：（1）直销经营者或网络服务商具有主观的过错；（2）二者实施了侵犯个人信息权的客观行为；（3）其行为致使客户的利益遭受损害。对于这一情形的处理，我国现行法未做规定。此前在学术界存在着以下三种不同的观点：（1）择一主张说，该说认为原则上允许权利人在向行为人主张缔约过失责任与侵权责任当中做选择，在做出选择以后即不得再采用另一种；（2）侵权责任说，该说认为在此种情况下权利人仅得以向行为人主张侵权责任；（3）并行主张说，该说认为此时权利人能够以主张各项责任为由同时或者分别起诉。著者认为，第一种与第二种主张无法充分弥补客户遭受的损害。只是因为，其在直销经营者或者网络服务商在缔约阶段侵权时可能遭到两方面的侵害：一是个人信息权本身的侵害，二是因合同不成立或者无效从而交易目的无法实现而遭受的期待利益损失，其中包括缔约费用、准备履行所支出的费用、先期履行所支出的费用等。如果客户只能主张缔约过错责任，那么第一方面的损害难以得到补救。毕竟该责任的赔偿对象只包括物质与人身损害而不包括精神损害，而在个人信息权被侵害的情况下往往需要精神损害赔偿。如果客户只能主张侵权责任，则第二方面的损害又难以得到弥补。因此建议立法者采纳第三种观点，允许客户同时向侵权人主张缔约过错责任与侵权责任。

直销经营者或者网络服务商在履行与客户之间有效合同中侵犯后者个人信息权时，即构成违约责任与侵权责任的竞合。这种竞合的构成要件包括：（1）当事人之间的合同已经成立并生效。（2）直销经营者或者网络服务商违反合同义务实施了侵害客户个人信息权的行为。（3）行为人主观具有过错。有过错的存在，就会产生侵权责任，无论违约责任强不强调过错，都会引起二种责任的竞合。对于如何处理这种情况，学术界也历来众说纷纭。有的学者认为，既然合同法与侵权法属于特别法与一般法的关系，那么按照特别法优先于一般法适用的原理，应当令行为人承担合同法上的违约责任；有的学者从意思自治的角度认为，在这种情况下应当允许权利人在两种责任中择一主张；还有的学者认为，应当由裁判者选择其中任何一种。我国《合同法》第122条做了对于二者被侵害人得以选择其一主张的规定，即从第二种意见。著者认为，至少在电子商务环境下侵害个人信息权的案件处理中，选择一种责任加以追究的主张或者规定是不可取的。如前文所述，侵害个人信息权的行为往往导致客户精神损失，根据我国《合同法》第114条规定，这一损失无法得到补救。

第六章 个人征信中的个人信息保护

第一节 概　述

一、个人信用信息

信用是金融活动的基石。信用包括货币借贷和商品赊销等形式，其本质上是一种债权债务关系。债权人称为授信人，而债务人为受信者。通常在金融组织展开业务之前，都要对能够反映客户个人履行信用交易的守信状况的各种的信息加以收集、分析与处理，这样的信息被称为客户的个人信用信息。例如，《美国公平信用报告法》(Fair Credit Reporting Act) 第603条规定："消费者信用信息是指由信用报告机构提供的有关消费者信用可靠度、信用的名声、信用能力、性格、一般名誉、个人特点或生活方式的任何书面、口头及其他联系方式的信息。它被部分或全部用于或准备用于作为确定一个消费者某种资格的因素。"个人信用信息通常包括个人基本信息、个人信贷交易信息和反映个人信用状况的其他信息。个人基本信息包括身份识别信息、职业和居住地址等。个人信贷交易信息指的是自然人在个人贷款、贷记卡、准贷记卡、担保等信用活动中形成的交易记录，而其他反映个人信用状况的信息，则是指除信贷交易信息外的相关信息。具体来说，个人信用信息可以分为以下五类：（1）身份识别信息，包括姓名、身份证号码、出生年月、地址、就业单位、联系方式等。这些信息通常由个人主动提供，并经过必要的核实。（2）商业信用信息，即借款人的当前债务状况和还款历史记录，包括个人贷款、信用卡以及学生助学贷款等信贷信息。这些信息直接来自商业银行的内部计算机系统。（3）个人信用评价信息和评级信息，用于评估个人信用状况和等级，这些信息是征信机构主观评价的结果，而非个人商业记录。征信机构利用计算机等技术手段对收集到的个人信用信息进行比对和分析，从而对个人的信用状况进行评估。这些评价信息和评级信息会直接影响个人的借贷和其他机会获取。（4）公共信息记录，包括个人纳税记录、社会保险参与情况以及个人财产状况和变动等信息。（5）特殊信用信息，即可能对个人信用状况产生影响的涉及民事、刑事、行政诉讼和行政处罚的信息。① 以上不同类别的个人信用信息共同构成了个人信用档案，用于评估个人的信用状况和信用风险。

二、征信的含义

征信系以提供顾客所需有关第三者之资讯，特别是有关营

———————

① 齐爱民. 社会诚信建设与个人权利维护之衡平：论征信体系建设中的个人信息保护
[J]. 现代法学，2007（5）：15.

利事业之信用资讯为主要业务。信用资讯业从事收集自然人或法人之有关资讯，加以整理、归类、分析、存档，并做主观之评断，并将其结果提供于客户。[①] 按征信对象的不同，征信可以分为法人征信和个人征信。限于主题，这里仅探讨后者。个人征信，是指征信机构依法收集、处理和提供个人信用信息的行为，其主要功能是满足银行信贷等金融业务开展的需要征信。征信机构是指依法设立的专门从事征信业务，即收集和提供信用信息服务的机构。个人信用信息征信体系作为社会信用体系的一部分，是一国为了实现自然人信用信息的收集和传播而建立的一整套制度体系，是保障社会信用交易安全的措施之一。该体系包括以下子系统：征信机构的设置制度；个人信用信息的真实、完整、保密机制；个人的权利保护制度；征信行业的监督和管理体制；信用信息争议解决机制；信用等级评定制度；征信机构法律责任等。

中国共产党第十六届中央委员会第三次全体会议通过的《关于完善社会主义市场经济体制的决定》中专门对建立健全社会信用体系进行了论述："形成以道德为支撑、产权为基础、法律为保障的社会信用制度，是建设现代市场体系的必要条件，也是规范市场经济秩序的治本之策。增强全社会的信用意识，政府、企事业单位和个人都要把诚实守信作为基本行为准则。按照完善法规、特许经营、商业运作、专业服务的方向，加快建设企业和个人信用服务体系，建立信用监督和失信惩戒制度，逐步开放信用服务市场。"金融客户个人信用信息的收

---

① 王立国. 我国商业银行个人理财业务风险研究［D］. 青岛：中国海洋大学，2010.

集、处理与开放一方面有利于金融交易安全以及行业发展，但另一方面对作为客户个人信息一部分的个人信用信息保护带来了风险。例如，在调取与分析客户个人财务、身份方面的信息之前，没有经过其许可甚或根本未向其告知，就侵犯了该客户对个人信息的决定权。如果放任这样的行为对客户的个人信息权肆意侵害，不仅破坏了个人信用信息征信系统的基础，而且对信息时代人格利益的维护设置了障碍。而与反洗钱、存储、汇款以及办理信用卡等一般金融活动不同的是，征信活动直接针对客户的个人信息，从而势必对其个人信息权益造成直接的影响，潜在的风险与损害也更大。

第二节　中外征信领域个人信息立法

一、立法例简介

美国与欧盟国家在这方面走在了前面。前者主要通过《公平信用报告法》加以规定，而后者主要在欧盟数据保护指令以及欧盟政策性文件指导下通过各自国内法进行规制，现以美国法为重点对这一规范做简要介绍。美国的《公平信用报告法》为美国国会于1970年制订，1971年4月开始实施。专门调整消费、金融等领域对消费者以及金融客户的征信活动。该法的立法精神主要有：（1）促使银行等金融组织对消费者与金融客户做出授信决策时，完全根据公平和正确的消费者个人信用调查报告;(2)国会应设计一套行之有效的程序,以调查和评估消费者个人信用的指标,包括:可靠性、信用等级、偿付能力、人品、一般信誉;(3)消费者信用报告机构应当在收集和评估消费者信用以及其他资料中发挥重要作用;(4)任何相关组织与机构(例如银行与消费者信用报告机构)应当对金融客户的个人隐私给予足够的尊重。美国的《公平信用报告法》首先界定了征信机构实施征信行为的条件,其中包括:(1)其日常业务是进行消费者与金融客户信用调查和生产调查的报告活动;(2)专门从事收集以上主体信用记录或评价消费者信用价值;(3)从事有偿服务,以营利为目标;(4)服务的目的是向第三方提供以上主体信用调查报告;(5)向全国市场提供公开的服务。符合上述条件的征信机构只能基于以下目的提供信用报告:其一,与信用交易相关;其二,雇佣目的;其三,与保险业务相关;其四,判断被授权方的适合性;其五,现存信贷义务的风险评估;其六,合理的商业需求。此外,凡以欺骗手段取得他人的个人资信调查报告的,将被处以一年以下徒刑,同时处以5000美元的罚款。美国的《公平信用报告法》突出了对金融客户以及消费者在个人信用信息之上的权益的保护。比如,以上主体有权了解其信息被调查与处理的事由与程序;另外,信息使用者要想从征信机构获得信用报告,必须得到客户的授权。为保障以上权利,该法通过专门条款规定,对于那些以虚假目的骗取信用报告者,要按照有关法律处以罚款或者两年以下有期徒刑或者并处两种处罚。

根据其成员国对于个人信息保护达成的共识,欧盟一些国家所有征信活动的实施都应当将对金融客户基于个人信用信息而享有的利益保护放在首位。例如，欧洲议会1981年通过的《有关个人资料自动化处理个人保护公约》第1条规定："本公约的目的是在自动化处理个人资料的情况下，各成员国不分国籍和住所平等保护在其领土范围内的自然人的个人权利、基本自由，特别是隐私权。"欧盟1995年《关于个人资料处理及自由流通个人保护指令》绪论指出："设计资料处理系统的目的是为人服务。无论自然人的国籍或住所为何，资料处理系统必须尊重自然人的基本权利和自由，特别是隐私权，并对经济和社会进步、扩大贸易及个人福利做出贡献。"该指令第1条"指令的目标"还规定："根据本《指令》，各成员国应该保护个人资料处理中的自然人的基本权利和自由，特别是他们的隐私权。"以此为指导，1973年《瑞典数据库法》、1977年《德国个人资料保护法》、1978年《法国计算机与自由法》、英国1984年《资料保护法》等国家的立法都将征信活动中的个人信息保护放在首要地位。这些规定都把保护个人权利放在首位，加以征信机构较多的限制和义务。欧盟与美国对于征信领域个人信息处理活动进行规制时，在价值取向上是趋同的，即都是偏重于维护个人尊严与自由。在历来张扬信息自由的美国，《公平信用报告法》对于被征信者个人信息利益的维护设置了具体的规则，而欧盟数据保护指令以及瑞典、德国、法国的法律都对个人资料保护问题进行了说明。然而不同的是，美国的规范更加具体从而易于操作，而德国等欧盟国家的规定则较为原则性，留给司法者的自由裁量空间较大。

二、我国现行法

征信业近年来在我国取得了较大的发展，该领域个人信息保护的制度首先在地方性法规层面出现。2002年1月1日开始实施《深圳市个人信用征信及信用评级管理办法》（以下简称"深圳管理办法"），2004年2月1日《上海市个人信用征信管理试行办法（以下简称"上海试行办法"）》正式颁布实施。值得一提的是，我国香港特别行政区颁布了有关征信领域个人信息保护的规定，作为规范个人征信行业的基本条件。我国香港于1996年颁布《个人资料（私隐）条例》将电脑处理个人信息和非电脑处理个人信息一并纳入保护范围。2005年8月18日，中国人民银行根据银行法以及其他相关法律法规制定和颁布了《个人信用信息基础数据库管理暂行办法》（以下简称"暂行办法"），并于2005年10月1日起实施。该办法的第1条开宗明义地阐明了立法宗旨："维护金融稳定，防范和降低商业银行的信用风险，促进个人信贷业务的发展，保障个人信用信息的安全和合法使用。"该办法分为以下几个部分：（1）总则；（2）个人信用信息的报送与整理；（3）向金融客户查询个人信用信息的事由、条件与程序；（4）金融；（5）征信机构违反相应义务的法律责任。该办法有以下方面的显著特征：其一，开创我国金融领域立法之先河，将对金融客户权益的保护摆在立法目的的首位；其二，清晰地界定个人信用信息的含义以及外延；其三，明确规定了金融组织以及征信机构等主体对个人信用信息保密等相关义务；其四，通过异议、查询、安全管理以及法律责任承担等制度保护了金融客户的权利。

三、我国法律的缺陷

我国在征信领域的现行法对金融客户的个人信息保护上给予相当的重视，在某些具体制度（如对个人信用信息的安全管理等）上我国甚至可以与欧美国家比肩。然而，由于前者对征信活动的法律规制时日尚短，因此在诸多方面尚存有待完善之处。除上一节谈到的立法形式非理性以外，在这方面，我国法律的缺陷还体现在以下方面。

第一，适用范围界定不合理。根据暂行办法第一章，该办法仅适用于各商业银行，对于其他金融机构无法适用，更不用提其他行业。上海试行办法与深圳管理办法虽然将各自的适用范围界定为所有征信领域，但从条文的表述上看它们还是主要规制商业银行的征信活动。从征信的定义可以看出，实施征信活动的主体远不只金融组织，比如，基于现今金融活动的关联性，金融组织完全可能委托咨询公司等实施该活动。即使是金融组织内部，可能涉及征信事务的除了商业银行外还有保险公司、证券公司等。

第二，缺乏有效的实施细则。对于征信机构的范围与征信行为实施的条件缺乏明确规定。中国人民银行暂行办法对于这一问题只字未提，而上海试行办法与深圳管理办法仅笼统规定为"征信机构"，对于其实施征信行为的条件仅做了"采集方式的禁止"等反面规定（上海试行办法第9条）。对主体与行为实施条件界定的缺失造成的后果是，对何者在何种条件下实施的征信行为具有法律效力问题变得模糊，从而易引起纠纷。此外，缺乏对金融客户权利以及征信机构义务的规定。不可否认，暂行办法等规范在对征信行为的查询、异议处理以及安全管理等问题规定时，保护了金融客户权益以及约束了征信机构行为。然而立法者并没有将这些内容类型化为金融客户的权利以及征信机构的义务，由此既可能会使客户在为查询、提出异议等行为时缺乏请求权依据，又可能为征信机构侵害客户利益留下空间。在征信机构应当承担责任的问题上，这些规范大多从刑事责任与行政责任着眼，较少规定该机构向客户承担民事责任的问题。虽然上海试行办法第32条与深圳管理办法第22条对此有所体现，但也无法切实起到救济客户权利的作用。

第三，程序设计零散。程序理性是实体公正的前提，而我国现行法在程序设计上存在一些弊端，这极易导致在对金融客户以及征信机构利益配置上的失衡，其中较为典型的有：其一，中国人民银行暂行办法等没有关于征信机构向客户告知征信目的、范围、方式以及其享有的权利的规定，这在二者信息本来就处于不对称状况下，作为弱势方的金融客户通过查询与异议等方式维护自身权利形成阻碍。其二，暂行办法缺乏关于个人信用信息保存时限，从而使金融客户无法行使删除权与封锁权。

四、立法建议

在我国现行《个人信息保护法》的立法原则及权利义务规定的基础上，完善立法形式的同时将一切金融领域中的征信活动纳入法律规制范围，本着平衡金融客户权益、维护金融秩序以及金融组织利益的宗旨，确立该领域立法的基本原则，然后在这些原则的指导下界定征信的条件（包括征信机构的资格以及征信行为实施的条件），制定实体与程序规则。

（一）基本原则的确立

结合我国实情，我国征信领域的个人信息保护法律规制应当遵循以下原则：第一，目的合法原则。除非金融客户明确同意或者法律明文规定，征信机构不得超出这一目的收集与处理信息。因此出于行文简洁的考虑将它们归并为一个原则。第二，安全保障原则。其含义是，征信机构对其在第一项原则要求下收集的个人信用信息应当保持正确、完整和最新状态，同时采取合理的措施以免信息遭受损失、不正当接近、破坏、非法利用、篡改或披露。第三，金融客户知情以及权益保障原则。根据该原则，金融客户应当对其个人信用信息被收集与处理的目的、法律依据、实施者、方式、期限以及所享有的权利等事项知情。在法律明确规定的情形下处理行为应当经过其同意，在整个处理过程中，其享有的个人信息权均受到保护。

（二）征信机构的资格和条件

征信机构资格的取得的条件应当向其明示。此外，对征信机构的资格与行为加以监督与限制，有利于促使该机构合法正当执业从而维护金融秩序的稳定。因此，立法者应当对于征信机构的资格的取得条件加以明文规定。就某一社会组织是否得以从事征信活动问题加以认定时，应当综合考虑其资金、征信领域的专业人员数量等因素。为了保证其设立的合法性与透明度，从而便于金融客户知情以及行政监管，其进入征信行业之前应当经过行政许可程序。就征信机构范围而言，考虑到征信活动几乎已触及现今社会的每一个角落，仅金融机构与征信公司已难以胜任这一繁杂的工作，因此除了这二者之外其他符合前述条件的中介机构（例如会计师事务所、律师事务所以及审计师事务所等）也得以从事征信活动。对此欧盟规范中的以下内容可作参照："（征信活动）'参与者'指作为与收集在信用申请／关系中的个人数据处理管理的私人实体参与到基于与经理达成的协议和／或合同的相关信用信息系统，在与其他参与者相互交换数据的框架内，履行了有计划地通知经理有关信用申请／关系的原个人数据后，可以使用在系统中的数据。除非实体提供了信用保理服务，参与者可以是银行、金融经纪人、任何其他实施商业和／或专业行为的给予了有关提供货物和／或服务的延期支付的私人实体。"对实施征信行为的条件加以规定，既便于贯彻目的合法原则从而促使征信机构合法与正当执业，又有利于满足金融客户知情的需求。在界定征信行为实施的条件时，首先应当做价值的判断与取舍。一方面，金融客户享有的权利无疑应当受到保障，而权利的重要内容之一即为对其个人信用信息加以自决；但另一方面，征信机构在征信活动中的从业自由也不应当受到过度限制，因为这是实现其经济利益以及维护金融秩序的必要条件。从而，立法者应当在二者之间寻求最佳的平衡点。因此建议规定，原则上征信行为在实施前应当取得金融客户的书面同意，例外地，在涉及危及金融秩序以及金融组织等主体重大利益等特殊情形时，可以不经过金融客户许可，但原则上应当以书面形式向其告知。这些"特殊情形"包括：在信贷、赊购、缴费等活动中形成的不良信用信息；在鉴证、评估、经纪、咨询、代理等中介服务行业的执业人员，因违反诚实信用原则受到行业组织惩戒的记录。

（三）金融客户的权利

金融客户在征信中享有以下权利：（1）决定其个人信用信息是否以及以何种方式被征信机构收集与处理。例外地，当出现危及金融秩序以及金融组织等主体重大利益等情形时，可以不经过金融客户许可收集其个人信用信息。（2）保持其个人信用信息的隐秘状态。（3）对于其信息被收集与处理的事由、方式与时限等内容，得以向信息收集与处理者查询。（4）对于过时、错误的个人信用信息，得以请求收集与处理者更新、更正或者删除与封锁。（5）当其个人信用信息被处理的事由消失或者时限届至，得以请求处理者对信息加以删除或者封锁。（6）当征信机构所实施的征信行为违法时，能够以仲裁、诉讼等方式提请救济。

（四）征信机构的义务

为保障客户权利的实现，应当对金融组织等收集主体增加一定义务，其内容主要包括：（1）尊重金融客户对个人享有信息的决定权，非经法定事由不得强制收集、处理或者披露客户个人信息。（2）当金融客户就个人信用信息被收集与处理的状况进行查询，以及在特定事由产生时请求对个人信息更新、更正、删除或者封锁时，应当予以配合。（3）在保存时限届至后应当主动封锁或者删除客户的个人信用信息。（4）采取合理的安全保障措施，以确保个人信用信息处于保密、完整、正确与更新的状态。该义务是安全保障原则的体现。个人信用信息直接反映金融客户的守信状况，从而在当今信用社会中，在很大程度上决定着其在社会经济活动的地位，因此该信息的完整性与正确性等应当被予以特别重视。对于如何判定措施是否"合理"，应当结合特定地域内在当时的技术条件来判定。对此，欧盟《有关客户信用、责任和及时支付的适用于由私人实体管理的信息系统的行为和专业实践准则》第11条所提出的标准可供参考："经理和参与者应采取合适的、技术的、逻辑的、信息的、程序的、实际的和组织的措施确保个人数据和符合个人数据保护法律的电子流通的安全、完整和秘密。"

（五）法律责任

为促使征信机构履行其义务从而保障客户的权利，应当设置前者在违反其义务时向后者承担民事责任的制度。对此，深圳管理办法第22条规定："有下列行为之一的，有关责任单位或个人应当依法承担民事责任：（一）征信机构及其工作人员违反保密义务，向当事人以外的第三人泄露个人信用信息的；（二）个人信用信息使用人或其工作人员，泄露个人信息或超越使用范围使用个人信用信息的；（三）征信机构擅自对提供信息单位提供的个人信用信息进行修改，改变个人信用等级的。"上述内容宣示自由意义而没有实际作用。深圳管理办法第22条虽然对民事责任承担的事由进行了界定，但一来事由过于狭窄不能够穷尽一切侵权情势，二来没有规定责任承担方式，因此也很难起到保护金融客户权利的作用。因此建议立法者规定，当征信机构违反其在上一段阐述的义务时，应当以停止侵害、消除影响、赔礼道歉以及给付精神损害赔偿金等方式承担责任。

关于征信行为的实施程序问题，欧盟与美国的规定判然有别。欧盟的普遍做法是，征信行为实施之前原则上应当征得金融客户书面同意。欧盟《数据保护指令》规定，本人对处理其个人数据的行为通过签名等形式发出的其自愿、特定以及明示的表示。当处理非敏感个人数据需本人同意时，同意的表示需要无异议地做出；当处理敏感个人数据需本人同意时，同意的表示需要明确地做出。而与此不同的是，根据美国法征信机构在收集与处理个人信用信息之前无须经过金融客户同意。对于我国应当采取何种立法例，学者也形成了两种不同的观点：前者从保护金融客户隐私的角度出发主张从欧盟例，后者基于实现征信效率的考虑建议从美国例。对于这一问题需要分具体情况判断。当征信行为的实施仅是为实现金融组织等征信机构效益时，应当事先征得金融客户同意。毕竟前者的经营效益最大化的利益较之于后者的人格利益应当退居其后。当征信行为的实施关系到维护金融安全等公共利益时，则根据利益衡量原则，金融客户的权益应当被适当限制，即无须征得其同意。

对于这一问题，我国中国人民银行制定的暂行办法做了如下规定："除本办法第12条第（四）项规定之外，商业银行查询个人信用报告时应当取得被查询人的书面授权。"以上内容在体现法理的同时也存在不足。所谓"风险管理"，一般是指金融机构等研究风险发生的规律和风险控制技术，并运用相应的方法和技术对风险进行控制和转移，以实现用最小的成本支出获得最大的利益保障，使风险造成的损失降到最低程度。而征信领域与公共利益相关的事情远不仅限于此。比如在信贷、赊购、缴费等活动中发现不良信用信息；鉴证、评估、经纪、咨询、代理等中介服务行业的执业人员，因违反诚实信用原则受到行业组织惩戒；行政机关、行政事务执行机构、司法机关在行使职权过程中需要对公共记录信息进行查询等。[①] 基于以上论述，因此建议规定：在征信行为实施前，原则上应当征得金融客户的书面同意。例外的是，在前文所述情形出现时，可以不经过同意。但是，出于维护金融客户知情权以及便于其查询与提出异议的考虑，在此时仍应当将与征信相关的事项向其告知。此外，当征信事由消失后，征信机构应当终止对个人信用信息的收集、处理与存续。对于个人信用信息的存续时限，应当综合业务存续时间长度、信息处理的速度、安全措施的采取程度等因素确定。

第三节　财务管理与个人信息保护

一、相关问题

金融组织需要对金融客户的个人信息进行收集与分析，以

---

① 张天金. 论银行消费者隐私权［D］. 沈阳：辽宁大学，2012.

确定融资的方向与重点，才能通过财务管理对金融资产进行有效取得、融资和配置，从而实现其效益的最大化。基于财务管理活动而形成的个人信息档案有两种典型的形式：一是债权人档案，该档案记录了一个特定债务人的所有支付以及债务人与债权人的合同关系；二是所谓的联合档案，即由债权人提供数据，数据管理者是提供偿债能力和信息评级信息而形成的信息集合。当影响为消极时（比如关于金融客户不履行相关义务的记载），就形成了通常所说的黑名单。在这一过程中，在很多情况下客户对其个人信息被处理的事情并不知情。此外，分析结果所导出的评价结论也会给客户在金融领域的名誉带来积极或者消极的影响，这对其权益带来的侵害是显而易见的。是故，我国立法者在允许金融组织基于财务管理目的处理金融客户个人信息的同时应当对这一行为加以约束。

二、国外立法例

欧盟相关法律规定，金融组织在信息处理中遵循《欧盟数据保护指令》第6条规定的有关数据特性的原则。此外，金融组织对于处理个人信息的每一个步骤都应该告知金融客户，金融客户对于错误的个人信息，有权请求金融组织更正或者删除。对于超出财务管理目的而收集的个人信息，其有权请求删除或者封锁。对于违法金融组织处理个人信息的行为，其得以提出异议或者提请救济。根据美国国会于2002年通过的规制金融组织财务管理活动的《萨巴斯—奥克斯利法案》（The

Sarbanes-Oxley Act, SOX），任何处理金融客户个人信息的主体都应当公示。其分支机构和非美国公司在其审计委员会内应确立被发行者收到的关于会计、内部会计控制或审计事项的控告接收、保留和处理程序。

三、我国的立法

以上分析中，我们不难看出欧盟虽然对财务管理的个人信息保护问题专门进行了立法，然而就其内容而言与其他金融活动中个人信息保护的规定并无二致。而美国虽然对这一问题没有用专门立法形式加以保护，但一些反映财务管理特殊性的规定更能够在这一领域有针对性地保护金融客户的权益。因此建议，我国立法者无须专门对财务管理中的个人信息保护问题进行立法，有关金融客户在一般金融活动享有的权利以及金融组织履行的义务之规定应适用于财务管理领域。此外，应当对金融组织加以对特定信息向金融客户进行披露的特殊义务，这些信息包括：实施财务管理活动的金融组织及其分支机构，对客户的评价性信息的来源以及产生方式，对客户个人信息收集与分析的技术手段与程序等。这里需要说明的是，即使以上信息涉及金融组织的商业秘密，该组织也不能以行使对商业秘密的保密权为由拒绝向客户披露。

第四节　个人信息保护与反向搜索

一、反向搜索的问题

传统个人信息收集是在对本人的身份加以确定的基础上搜索该人的其他信息；而反向搜索反其道而行之，以本人的身份之外信息（如电话号码、QQ 号、银行卡密码等）为起点搜索本人的身份以及其他信息。对个人信息的反向搜索常见于电信与金融领域。反向搜索在金融领域的运用，便利了金融活动高效率地开展，但对金融客户的个人信息保护带来了新的挑战。例如，在以前金融客户将电话号码等告知银行等金融组织，正常情况下后者及其业务往来主体不可能搜集到该客户的其他信息，甚至包括其姓名。但是随着反向搜索的出现，仅仅是有意或偶尔性地披露电话号码等就可能使金融组织等获取该客户更多甚至所有的个人信息。

二、立法建议

立法者必须对被反向搜索的个人信息的范围加以限制。例如，欧盟《关于电信领域隐私保护和个人数据处理的第97/66/EC 号指令》在第21条规定："电话用户目录被广泛散布并可公开获取；然而自然人的隐私权和法人的合法利益要求用户能够决定其个人数据在公共目录中被公开的范围；然而成员国可以仅将之适用于作为自然人的用户。"该指令第11条规定：电话目录收集个人信息的原则应当限制在"为识别特殊用户而有必要的情况，除非用户对额外个人数据的公开表示明确同意"。对于琐细个人信息（比如金融客户的电话号码、银行卡卡号等）反向搜索的行为原则上应当被允许。其理由是，这类个人信息所承载的人格利益相对较轻，对其加以反向搜索既便利了金融活动顺畅地进行又不会过度损害金融客户的权益，但原则上应当事先向金融客户告知，以便其查询和提出异议。对于隐私（如银行卡密码以及QQ密码）而言，由于其与金融客户人格利益相关甚密，原则上不得作为反向搜索的对象。

第七章　特殊领域的个人信息保护

第一节　生物识别技术的相关问题

一、生物识别

（一）生物识别的一般理论

生物识别，是一种通过计算机与光学、声学、生物传感器和生物统计学原理等高科技手段与原理密切结合，利用人体固有的生理特性（如指纹、脸相、虹膜等）和行为特征（如笔迹、声音、步态等）来对特定人的身份进行识别与鉴定的技术。身份鉴定与识别手段一直被广泛地运用到社会生活当中，以满足形形色色的人类活动（尤其是公共管理）的需要。传统的身份鉴定方法包括身份标识物品鉴定（如应用钥匙、证件、ATM卡等）和身份标识知识鉴定（如应用用户名和密码等）。但这些都是主要借助人体之外的物品与标识，因此一旦它们被盗或遗忘，其身份就容易被他人冒充或取代，从而达不到鉴定与识别的效果。而生物特征识别技术所采用的是难以或者根本不可能被遗失的人体特征，因此具有易于永久存续、防伪性能好、不易伪造或被盗、便于随身携带以便随时随地利用等优点，从而生物识别技术比传统的身份鉴定方法更加安全与方便。譬如，银行在通过传统方式对储户进行身份鉴定时，通常需要口令、条纹码以及密码等标识。然而，某些意欲窃取他人存款者可以通过模仿储户的语音与语调或者套取存户密码的方式蒙混过关。另外，当储户失声或者遗忘密码时，其口令以及密码等即可能成为其存取款项的阻碍。生物识别技术现在被广泛应用于政府、军队、银行、社会福利保障、电子商务、安全防务当中，而且在未来有成为身份识别与鉴定的主要技术的趋势。比如，美国"9·11"恐怖事件发生后，为了应对日益严峻的国际安全形势，有效预防与打击严重危害社会治安稳定以及国家安全的犯罪活动，以美国为首的西方发达国家通过先后颁布爱国者法案、航天安全交通法案以及强化边境安全法案等法律规范，授权相关机构通过分析嫌疑者指纹等手段预防与查处犯罪活动。

（二）人脸识别的法律保护

1. 人脸识别信息的特殊性

人脸识别信息的特殊性主要有：第一，人脸识别信息获取设备对于人脸识别的硬件配置和设备的经济性能要求不高。与此同时，获取信息没有严格的环境要求。移动电话或者摄像机可以接收面部识别信息，而移动电话和摄像机则是市场上常见的普通设备。因此，面部识别信息采集设备具有普遍性。第二，人脸识别信息获取过程的未知性与其他生物特征信息相比，人脸识别技术的发展更加成熟，在采集过程中，不需当事人的同意与合作，即可采集人脸识别信息，当事人的脸部完全暴露于外界环境，信息采集可以通过普通设备完成。

2.人脸识别信息的法律保护及局限性

该方法对采集设备及采集环境的要求较低，且采集过程各方不须合作，导致暴露风险高。为此，必须严格保护脸部识别信息，并按照法律标准对信息收集行为加以限制，以确保这种信息收集和获取的合法性。但由于人脸识别信息的普遍性、唯一性和一致性，一旦公开，将会带来严重的不良后果。我们还应尽全力保护所收集的资料，严防资料外流或被非法利用，防止以合法的方式和渠道获得和收集资料。与此同时，各种类型的他人信息，结合大数据技术，可以迅速采集到"数字人物肖像"，技术的发展使得个人隐私权越来越容易受到侵害，因此，法律也应该更加严格地保护技术的使用和结合。脸部信息的特殊性需要严格的法律保护。但由于我国尚未通过任何具体的立法或文件，因此，只有通过充分适用某些法律，才能尽可能地保护这些权利。

公共机构应积极对个人数据的收集、储存和使用进行监管，并对其行为负责，这一点虽然不符合法律规定，但也必须明确，相关法律法规没有对个人生物特征数据进行管制，而仅仅管制了个人生物特征数据领域的个人数据，这包括：保护类型在充分保护个人生物特征数据方面存在困难，尤其是高度暴露、唯一和持久的个人生物特征数据人脸识别信息。我国《刑法》规定了对侵犯公民个人信息的行为做出相应的法律处罚，但该条仅对非法出售、提供个人信息的行为做出处罚，而对于以非法手段获取个人信息，如盗窃，即使情节特别严重，也只能判处7年有期徒刑，即在难以进行合法取得和非法使用的同时，犯罪主体往往是数量庞大的个人信息，并且难以实施法定惩罚，对公民造成伤害，因此《刑法》也有其局限性和片面性，不能充分保护面部识别信息或个人的生物特征信息。

到2020年，新颁布的《民法典》对毛发识别中的面部信息提出了一些保护措施。第一，脸部识别信息可在特定条件下以特定媒介进行携带和识别，因此，脸部识别信息可被认为是肖像，受肖像权的保护，因此，《民法典》属人法一章确立了脸部识别信息使用的知情同意原则。肖像画的制作者、使用者的肖像画需经授权。但是，在一些情况下，正当实施的行为并不需要肖像权人的同意，例如：国家机构依法行使职权，保护公众利益或者肖像权人的合法权益。脸部信息的使用受到特定限制，包括个人、组织和公共机构使用的例外。其次，我国《民法典》明确地将生物特征信息包括在受个人数据相关法律保护的个人数据领域。而脸部特征信息显然属于生物特征信息的分类，在数据保护和个人权利保护一章中有关于个人数据收集、处理、更正、删除和保护的详细规定。在个人信息的收集和处理方面，明确规定合法和必要的原则。与此同时，重申了知情同意原则，即收集和处理要求获得同意，并应公布收集和处理规则，以明确其目的、方法和范围。这也规定了自然人监督和要求删除的权利。《民法典》并未充分重视对面部识别信息的法律保护，但它仍然将面部识别信息作为一般个人信息对待，由于其特殊性质和较少的暴露程度，它并没有提供更严格的保护，从而使更多的任意信息可供第三方使用。

3. 未来立法对策的思考

通过专门立法进行妥善保护：第一，此类个人信息的保护可纳入国外立法或我国立法。与此同时，由于人脸识别技术的广泛应用和人脸识别信息的日益增多，人们对人脸识别信息的法律保护也越来越关注，并期望得到更好的保护。基于此，立法者应更多地考虑对此类信息的保护，并建议尽可能单独编章。考虑到人脸识别信息的特殊性，立法者应严格限制访问权限、访问方式、信息收集、信息存储、信息检索等方面的算法以及人工智能和大数据技术的使用。为保证信息的安全，对数据处理范围进行了严格的限制，要求有更高的标准和更严格的措施。第二，构建"全方位"的法律保护体系。除专门立法对面部识别信息进行规范外，还应建立统一的面部识别信息法律保护体系，解决行政法、民法和刑法中的相关问题。不同的行政机关或拥有适当行政权力的组织拥有收集和处理信息的授权、核查、处罚、监督和控制以及行政执法的权力承认：在民法领域，应明确信息的正确属性，完善举证责任和问责机制，并通过民事诉讼机制有效解决纠纷关于刑法，除侵犯公民个人信息罪以外，没有其他相关的法律规定。在此基础上，对公民非法使用个人信息罪等其他相关罪名，增加《刑法》第253条的规定，对非法销售、提供面部识别信息以及非法获取面部识别信息的行为，应以《刑法》第253条的规定为准，情节严重的应从重处罚。

总之，随着科技的发展和社会的进步，人们对信息的识别和利用是不可避免的。但在此之前，人脸识别信息的收集和使用应由行政机构进行，监管机构和执法机构应严格限制使用人脸识别信息的组织或个人的合法和必要，明确规定为保护信息而制定的严格规则。在此期间，收集和使用资料的组织或个人应严格履行义务，通知有关人员须有关人员表示同意已收到。

二、个人信息处理问题

不论人的个体差异多大，其个人生理与行为特征，大致可以划分为两类：其一，所有人都有的生物识别因素，比如声音、视网膜、DNA 以及脸相等。不过需要说明的是，所有人都具有不代表所有人的都完全相同。譬如，DNA、视网膜和指纹等为每个个体具备，但人人之间又各有不同。其二，为部分个体所独有的，譬如，特定的遗传基因以及独有的生理特征（如秃头等）。无论是共有的还是独有的个人特征都与本人密切相关，并且能够将本人与他人区分开来从而发生识别作用。因此，它们都属于个人信息的范畴。

较为典型同时应用得也较为广泛的是个人遗传信息。按照欧盟及其成员国的权威定义，个人遗传信息是指与个人遗传特征相关或者与相关人群体的这种特征的遗传模式相关的一切信息。个人遗传信息又主要由基因信息构成，这是一种表征某个人或者与相关人群有关的基因遗传模式及有关的个人遗传信息，它往往通过科学家对核酸的分析或其他科学分析获取，与有关个人可遗传特征相关，但不如其他个人遗传信息那样显而易见。较之于其他与生物识别有关的个人信息，个人遗传信息具有以下特征：第一，虽然个人遗传信息也是具有识别性从而可以将个人与他人区别开来，但它同时也可能披露关于包括前代和后代血亲在内的该人血亲（血亲家庭成员）的相关信息并且牵连到他们，因而，个人遗传信息能够识别一组人（譬如族群），甚至可以揭露出本人出身和家庭关系。第二，由于个人遗传信息通常不能被本人接触，同时不能由本人意志决定，因此难以为本人所更改，其客观性更强。第三，个人遗传信息的提取与分析需要经过科技手段，这决定了它可以被相关技术人员轻易获取。

从生物学的角度来看，由于个人遗传信息（尤其是基因信息）能够被用于识别家族谱系，因此它们常用于鉴定亲子关系或其他家庭关系的存在，从而为司法机构审理民事婚姻继承案件带来方便。在医疗卫生活动中，个人遗传信息可以被医院等医疗卫生机构以及私人医生预测关于本人家庭成员的健康状况，从而提出预防疾病以及维护个人和家庭健康的方案。在医学研究中，相关人员为了增进对人类基因组的了解，需要收集大量的个人遗传信息（特别是基因信息）从而建立生物数据库，并且通过不断分析以上信息掌握人类基因发展与演变的规律，从而为改良基因做出贡献。由此可见为了满足不同领域的社会需求，以个人遗传信息为代表的个人信息需要被不同的主体（如司法机构、研究所以及医疗机构等）进行收集、存储与分析，以进行生物识别以及与之相关的活动。这些活动在满足相关需求的同时，也对本人基于个人信息而享有的人格利益造成了空前的危险。例如，医疗机构以及医学研究机构可能通过先进技术对个人遗传信息加以收集与篡改，整个过程可能根本不为本人所知悉。从而，本人对其个人信息享有的决定权以及保持完整权就受到了侵害。

三、国外立法借鉴

从20世纪末21世纪初开始，部分国家与地区就通过立法方式对生物识别中的个人信息处理问题进行了规制。根据《欧盟基本权利宪章》第21条的规定，对基因信息以及其他生物识别领域个人信息的不当泄露与利用行为都应当被禁止，而《欧洲理事会人权与生物医学公约》（第11条）和联合国教科文组织的《世界人类基因组与人权宣言》（第6条）对生物识别中的非法处理行为也有类似的禁止性规定。另外，在1998年9月于圣地亚哥·德·贡波斯德拉城举行的国际年会中，欧洲数据保护机构成员也表达了他们对在冰岛创建一个用于基因研究的国家医疗记录中央数据库的关注。他们建议冰岛政府根据《欧盟数据保护指令》以及基因信息对被研究者的重要性重新考虑这个项目，并且强调经济利益不应当导致数据库的无限制目的的扩张。这些禁止性的规定与方针对于欧盟数据保护工作组制定具体规范起到了指导作用。欧盟数据保护工作组在2000年7月13日发布的《关于人类基因组和隐私的6/2000号意见》中，又进一步强调了将新的基因技术和充分的安全措施结合起来保护本人的隐私利益的必要性。如果说以上文件只是表明了欧盟对生物识别领域的个人信息处理问题基于对本人人格利益保护而持有的谨慎立场，因此仅具有宣示作用的话，那么欧盟数据保护工作组分别通过第80号以及第91号工作文件于2003年8月1日以及2004年3月17日颁行的《关于生物识别的工作文件》以及《关于遗传数据的工作文件》则是从具体制度的层面做了详细的规定。前一规范对生物识别相关问题做了阐述，要求生物识别技术应用者对于个人信息的收集与存储必须基于特定、明确和合法的目的，并且不能以不符合上述目的的方式进一步处理。另外，就收集和进一步处理时的目的而言，个人信息必须是"充分、相关和不过分的"。此外，生物识别数据的处理和收集应当以公开的方式进行。个人信息控制者应当根据1995年《欧盟数据保护指令》第10条与第11条的规定告知本人与处理活动相关的事情。另外，个人信息处理者应当履行事前审核以及采取安全措施的义务，采取适当的技术性和组织上的手段来保护个人信息免于意外的或非法的破坏或者意外的丢失、更改、未经授权的披露或获取，尤其是在对个人信息处理涉及通过网络进行生物识别数据传输的情况时。以上欧盟法律规范对于其成员国采取法律措施在生物识别过程中保护本人个人信息权起到了示范与指引作用。

这些国家总的态度是，生物识别过程中处理者只能在基于合法目的并且履行相关义务的情况下方能收集、传输与存储个人信息，同时处理者应当对处理行为的目的性和比例性做严格评估。当然，由于各国国情与法律文化的差异，在具体规则的制定上各有不同。例如，法国的国家信息和自由委员会（CNIL）拒绝在孩子进入学校食堂时使用指纹；而英国的数据保护机构似乎已经接受了同种情况下指纹的使用，但需要提供适当的安全措施。又如，葡萄牙的数据保护机构近来做出了一个关于反对大学为了控制非教工人员以使其勤勉和准时工作而使用生物识别系统（指纹）的决定，葡萄牙的数据保护机构认为，考虑到数据处理的目的，此系统的使用是不合比例且过分的。系统会将该数据储存在一个生物识别设备中并且受控制的有大约140人之多。该国立法者认为，对遗传数据的有效保护是保证遵守平等原则和实现健康权的先决条件。而德国的数据保护机构已经宣布了一个决定，即如果为了与所有人的指纹进行比较，而将数据存储在磁卡的微芯片中，而不是存储在数据库中，身份证件可以载入生物识别特征以防伪造。美国在这一领域也制定了相关的保护性规定。美国参议院最近通过的目前正在众议院审议的《基因信息无歧视法案》第2章第（5）条着重指出，一部"设定国家统一的基本标准的联邦法对于充分保障公众免受歧视并减轻他们对潜在歧视的顾虑是必要的，因而在允许个人利用基因侦查技术、研究和新疗法时，立法者应当格外慎重"。基于这个假设，法案规定了非常严格的规则，从而使遗传信息不被雇主或者保险公司使用。在美国，有很多虽然个人的健康状况需要通过医疗机构来维护与提高，但是通过地方法律他们却有权决定不将其基因信息提供给医疗机构来做试验。对于欧盟与美国立法例我们不难发现，两者都对与生物识别有关的个人信息处理问题进行了立法回应。而且我们纵观美国对不同的领域的个人信息法律保护的立法例甚至可以看出，美国立法者一改颁行判例的传统规制方式，几乎都是采用制定正式的规范（譬如《基因信息无歧视法案》）进行调整的，坚持成文法传统的欧陆更是如此，这足以说明立法者对于人格利益维护的重视程度。欧洲与美国的不同在于，前者对生物识别领域个人信息的规制是多层面的，既有《欧盟基本权利宪章》第21条作为基本法的规范基础，也有《欧洲理事会人权与生物医学公约》以及《欧盟数据保护指令》等具体法规，更有欧盟理事会数据保护工作组《关于生物识别的工作文件》以及《关于遗传数据的工作文件》等执行性文件。这一法律渊源位阶格局体现了从立法理念到具体规则制定，再到规则施行的大陆法系传统思维进路。

在我国生物识别技术未广泛被应用于社会生活实践的今天，该领域还没有个人信息处理与保护的规则。然而，立法活动应当具有相当的前瞻性，立法者应当预见到生物识别技术将普遍地应用在我国执法、司法、社会管理、医疗以及医学研究等领域的趋势，对其中个人信息的相关法律问题做出规定。

四、立法规制的设想

（一）立法原则

1. 价值

个人信息的价值取向应当被定位于对本人人格利益以及与生物识别技术应用所关联社会利益的兼顾。本人对其个人信息享有的人格利益不受侵害，是在生物识别技术的适用领域实现公平价值的重要体现。而对该领域的其他社会主体利益的维护（譬如便利医学研究以及社会事务管理）彰显着效率价值。公平与效率的协调问题是立法者永久面临着的问题。而无论是新制度主义的代表科斯还是20世纪新自然法学派代表罗尔斯都认为，公平是效率得以实现与维护的基础（至少是重要条件）。由此，为了实现公平以及社会的长远绩效，立法者必须注重对本人个人信息权的保护。然而，效率是人类社会存在与发展的基础，因此它也应当成为立法者追求的价值。我国在维护本人基于个人信息而享有的人格利益的同时，还应当提高生物识别技术被应用到的社会领域的效益。为了实现后一目标，本人个人信息权应当在适当范围内受到限制。但是在限制时，考虑到个人基本权利与自由保护上的风险，特别是能否以较少侵害的方式来达成所追求的目的，有必要对比例性和合法性的遵守进行评估。

2. 立法原则

我国在对生物识别领域个人信息处理进行立法规制时，应当体现出立法者对该领域特殊问题的态度。当然，由于该领域的个人信息处理活动与其他领域相关活动有着共同之处，因此在确定立法原则时也应当将这些相同点考虑在内。建议对于该领域的个人信息处理立法应当遵循以下原则：（1）保障本人权益不受侵害原则。在生物识别技术应用的过程中，本人原则上应当决定其个人信息为何、如何以及在什么样的时间与地域范围内被处理，应当有权对其个人信用信息被收集与处理的目的、法律依据、实施者、方式、期限以及所享有的权利等事项知情。当本人权益被侵害或者有被侵害之虞时，其得以通过一定方式获得法律救济。（2）处理行为受制约原则。处理者的资格必须由法律明确加以界定，并且遵循程序的相关规定，其收集、存储与传输个人信息的目的应当特定、明确和合法，对与处理行为相关的事先应当向本人告知。

（二）相关法律制度

1. 条件

我国新的《个人信息保护法》严格保护敏感个人信息。值得关注的是，《个人信息保护法》将生物识别、宗教信仰、特定身份、医疗健康、金融账户、行踪轨迹等信息列为敏感个人信息。《个人信息保护法》要求，只有在具有特定的目的和充分的必要性，并采取严格保护措施的情形下，方可处理敏感个人信息，同时应当事前进行影响评估，并向个人告知处理的必要性以及对个人权益的影响。"这主要是考虑到此类信息一旦泄露或者被非法使用，极易导致自然人的人格尊严受到侵害或者人身、财产安全受到危害，因此，对处理敏感个人信息的活动应当做出更加严格的限制。"杨合庆如是说。值得关注的是，为保护未成年人的个人信息权益和身心健康，《个人信息保护法》特别将不满十四周岁未成年人的个人信息确定为敏感个人信息予以严格保护。同时，与《未成年人保护法》有关规定相衔接，要求处理不满十四周岁未成年人个人信息应当取得未成年人的父母或者其他监护人的同意，并应当对此制定专门的个人信息处理规则。

因此，相关主体欲对个人信息进行处理应当满足以下条件：第一，处理者的主体具有相应的资格。为生物识别之目的而处理个人信息的机构与个人应当预先取得法律的授权。例如，侦查机关征集犯罪嫌疑人基因信息的行为应当由刑事诉讼法等明确规定，银行等金融机构数据的收集、储户的指纹记录等信息应当有商业银行法明确许可，再如，医师对病员遗传病史加以分析的行为应当受到医师法等的允许。第二，处理的目的合法。处理者应用生物识别技术处理个人信息的目的应当为法律所明确规定或者允许。譬如，司法机关收集指纹必须是出于追诉犯罪的目的，而医疗机构获取本人的个人遗传信息应当基于了解影响健康各个方面的因素从而更加有效地治疗、治愈或预防疾病，而商业银行提取客户指纹也需要以维护账户以及金融秩序安全为目的。第三，在一般情况下处理行为应当征得本人同意。无论在什么样的领域，本人对个人信息的决定权始终应当受到尊重。因此，正如《欧盟数据保护指令》所宣示的那样，原则上处理者在实施收集、存储等行为之前应当征得本人的同意。关于同意的形式，"本人……需要发出的其自愿、特定以及明示的表示"。然而，生物识别技术被运用到的领域很多，横跨了公法与私法领域。而在其中很多社会活动（尤其是公法领域相关的司法与行政活动）中，处理行为往往出于维护公共利益，譬如对医疗管理机构可能出于防止某些疾病而收集与分析相关人员的唾液。根据比例原则的要求，在类似情况下本人对个人信息的决定权就应当适当限制。而当处理者基于公共利益而收集、传输与存储个人信息，而该利益显著大于本人对个人信息享有的人格利益时，处理者可以不经过本人同意。第四，对于敏感性个人信息的处理应当经过审批程序。为了确保处理者资格适合、处理目的合法、处理手段正当，处理者在实施处理行为之前应当向相关主管部门报告并取得后者的批准。出于维护处理者职权运用效率的考虑，只有当处理对象为敏感性个人信息时须经过上述程序。对于琐细性个人信息的处理则可由处理者径自为之。审批者一般为处理者所在行业的主管部门，如司法行政机关、医疗行政部门以及金融监管部门等。当以上机构查知处理者资格、处理目的、处理程序方面具有瑕疵时，应当对请求予以驳回并说明理由。

2. 本人的权利

我国新的《个人信息保护法》赋予个人充分权利。《个人信息保护法》将个人在个人信息处理活动中的各项权利，包括知悉个人信息处理规则和处理事项、同意和撤回同意，以及个人信息的查询、复制、更正、删除等总结提升为知情权、决定权，明确个人有权限制个人信息的处理。同时，为了适应互联网应用和服务多样化的实际，满足日益增长的跨平台转移个人信息的需求，《个人信息保护法》对个人信息可携带权做了原则规定，要求在符合国家网信部门规定条件的情形下，个人信息处理者应当为个人提供转移其个人信息的途径。此外，《个人信息保护法》还对死者个人信息的保护做了专门规定，明确在尊重死者生前安排的前提下，其近亲属为自身合法、正当利益，可以对死者个人信息行使查阅、复制、更正、删除等权利。

由此，本人享有以下权利：第一，要决定个人信息的处理。个人信息是属于人格利益，由此本人得以自由支配个人信息并排除他人不法侵害，从而本人原则上对个人信息的处理得以自主决定。具体地，个人信息是否被处理、由谁处理、通过何种手段与方式处理（是收集、传输、存储还是跨国流通）都应当由本人决定，处理者在实施相关行为之前在一般情况下应当征求本人意见。而在生物识别技术应用领域一个突出特点是，本人个人信息（尤其是个人遗传信息的利用）可能涉及与本人有关的其他人（典型的如近亲属）的领域。这是因为，这样的个人信息，它能够将一个人同其他人的生物特征区分开来，并且能被"有相同血缘关系的所有人在结构上共享，而其他个人数据的共享机制都取决于数据主体的意愿、社会风俗或法律规定"。因此，"与个人遗传信息等有关的医学研究、侦查以及金融处理等所导致的结果可能会给血亲家庭成员带来严重的后果，所以从数据保护角度来说，就会出现给予亲属通知的问题"。第二，生物识别技术应用领域所涉及的个人信息大多属于敏感性的，因此对这样的个人信息加以披露以及非法处理以后必将对血亲家庭成员带来更为严重的后果。基于这个原因，立法者必须在个人信息本人的个人遗传信息等"不被披露的权利和此信息的披露及使用可能之间找到平衡"。如果说，对于个人遗传信息的处理需要经过本人近亲属等人同意的规定有必要被以个人主义为立法本位的西方接受的话，那么在自来以奉行连带主义以及家族本位观的我国，这一规定更有必要为立法所采纳。这里会带来一个问题，即如果本人与近亲属对其个人信息被处理的态度不一时应当如何处理？此时应当综合考虑被处理信息的敏感程度以及其与家族等群体的关联度等因素，本着兼顾本人与其家庭成员利益原则，根据利益冲突协调的方法来根据具体情况做不同处理。例如，在意大利发生了这样的案例：一女士于1999年向当地卫生机构提出披露有关其父亲遗传病病史的请求，以便对该女士及其后代是否可能患有其父亲相同疾病做出风险评估与判断。受理的医疗机构在做出决定之前征求了该女士父亲的意见，而后者以自己隐私不便泄露为由要求医疗机构拒绝女士的请求。此后医疗机构组织专家考察了遗传数据的特点，即会从一代传到下一代并因此变成了一些群体的共同命运，并得出结论：该女士因其心理上和生理上的健康状态而享有的权益重于其父亲的隐私利益，遂做出接受女士请求的决定。所以总归之：（1）决定个人信息的处理；（2）保持其个人信息的隐秘状态；（3）对于其信息被收集与处理的事由、方式与时限等内容，得以向信息收集与处理者查询；（4）对于过时、错误的个人信息，得以请求收集与处理者更新、更正或者删除与封锁；（5）当其个人信息被处理的事由消失或者时限届至，得以请求处理者对信息加以删除或者封锁；（6）当上诉权利受到侵害时，有权进行自力救济或者公力救济。

3. 个人信息处理者的义务

国外立法中对此都有所要求，例如根据《欧盟数据保护指令》，个人信息处理者应当预先向本人告知其个人数据将会被处理的情势，提供包括所选择的数据处理工具在内的充分安全保障措施，向监管机构告知处理个人数据的情况，在他人提出相关要求时，向其告知处理个人数据的情况。又如根据丹麦相关规定：（1）当某个人发出请求时，数据控制者应当向其告知其个人数据是否被处理。当数据被处理时，应当向本人清楚地告知一下情势：① 被处理的数据；② 处理的目的；③ 接受者的种类；④ 与这些数据相关的情势。（2）当数据本人发出请求时，数据控制者应当无迟延地进行答复。如果在本人发出请求起4周内未做答复，数据控制者应当告知（未答复）的理由以及（答复的）时间。虽然从大的方面看，对个人信息的保护要求在各个领域都是一致的，因此处理者在其中应当履行的义务大致相同，但是领域之间的差别导致本人利益具体体现上的不同，从而处理者承担义务的侧重点也有所差异。在生物识别领域当中，由于敏感信息在个人信息中所占的比例尤为显著，从而如何保持这些信息的隐秘状态就为本人特别关注。此外，由于生物识别技术一般不为本人所掌握与熟知，因此处理者与本人信息常处于不对称状态，本人难以知悉其个人信息受保护的状况与程度。因此，立法者应当重点关注处理者对个人信息的保密义务。

结合我国国情，著者建议，在通过网络以及传统手段收集、分析与存储个人信息时，处理者应采取合理措施防止被处理的个人信息被不法窃取、披露、更改以及删除。对于处理者应采取何种安全措施的问题，应当综合考虑个人信息的敏感程度、泄露风险高低以及保密技术成本等因素，但并不要求保密措施能够对抗一切侵害个人信息的行为。例如，处理者可以设置访问控制机制、模板加密和密钥保护，从而使窃密者在事实上不可能进入个人信息被存储的原始数据库。不可否认，在与生物识别系统有关的个人信息数据库建立密钥机制是人格权保护以及生物技术领域一项非常有益的发展，但是这导致一个新问题，即数据库可能因为密钥与密码的丢失而无法被有权接触数据库的人获取。

应当知道，生物识别系统一旦建立，就会承担各方面的风险，既有认知方面的，也有技术方面的。无论风险来源于何处，都会导致本人的个人信息权遭受侵害。因此，生物识别技术的应用者应当在风险可能产生的第一时间即采用相关的手段以保护数据库的完整性、秘密性和可用性，从而防止个人信息被篡改而使得本人遭受家族、其自身以及社会的偏见。例如，当某人的遗传基因信息被卫生部门收集以做遗传病研究之用。在信息被录入数据库时，遗传信息被他人修改。从而卫生部门对于信息本人疾病的可遗传性做出误判，进而导致本人被无辜地疏远、隔离甚至敌视。因此在一般情况下，个人信息被收集之时起处理者就应当采取前文所述的安全手段，例如生物识别数据被转换成模板或图像被录入系统之时。唯其如此，才可以避免在个人信息被收集以及数据库被创建的过程中来自各方面的窃密行为。

第二节 医疗救治领域

一、个人信息主体的权利义务

（一）本人的权利

本人在其个人信息被处理过程中，得以通过以下方式行使个人信息权：第一，决定。本人得以对个人信息加以自由支配，决定个人信息是否以及通过何种方式被医疗机构等加以处理。处理者在实施收集与存储等行为之前原则上应当征得本人同意。当本人处于无意识或者无民事行为能力状态时，处理者应当征得本人的监护人或者近亲属同意，同意做出应当遵循意思表示的相关规则。第二，查询。本人或其近亲属与监护人有权通过查询对个人信息处理过程中的相关事项，这些事项包括处理者的身份、被处理信息的类型与范围、处理的方式、处理的时限以及不提供个人信息的后果等。一个普遍存在于实践中的问题是，当身患重疾（尤其是绝症）的患者向医疗机构查询其病情，后者是否应当如实以告？对此，我国《医师法》第26条的规定是，医师应当如实向患者或者其家属介绍病情，但应注意避免对患者产生不利后果。这样的规定较为模糊，不利于调处医患纠纷。著者认为在这种情况下，医方得以在维护患者身体健康利益的必要范围内拒绝患者查询，但对其近亲属等仍应当履行告知义务，否则仍应当承担相应责任。第三，对错误、过时以及不完整的个人信息，有权请求处理者加以更正、更新、补充，必要时得以请求加以封锁以及删除。

（二）本人的义务

其一，当出现需要强制处理其个人信息的情形时，容忍医疗机构等不经其许可处理个人信息的行为。其二，以适当的方式对处理行为予以配合，否则承担相应责任。例如，患者应当向医方如实告知其既往传染病病史，医方在没有得到告知的情况下未采取隔离措施，在疾病复发导致其他病员感染后，实施了隐瞒行为的患者应当承担人身损害赔偿以及精神损害赔偿等责任。其三，当本人个人信息与国家秘密、商业秘密以及其他患者个人信息发生关联时，其查询的范围受限，后者虽可查询但应当保密且不得篡改。

二、个人信息处理者的义务

（一）向本人告知相关事情

医方等处理者应当将其身份、被处理信息的类型与范围、处理的方式、处理的时限、不提供个人信息的后果以及本人得以获取法律救济的途径等向本人告知。根据欧盟的相关规定，"如果数据主体是无行为能力人，不能自由做出决定且成员国的国内法不允许此数据主体以其自己的名义行为，那么应当将通知交予法律上有资格为了数据主体的利益而行事的人"。然而这一规定在我国难以有效适用。这是因为，无行为能力人的范围过于狭窄，另外如何判定"不能自由做出决定"也难以操作，这样就会缩减或模糊由他人代为接受处理者告知的事由范围，从而不利于对本人保护。

（二）保障个人信息的新状态

在实践中，患者的个人信息基于被意外或蓄意破坏、遗失以及泄露的情形时有发生。作为个人信息处理者的医方应当防止任何未经授权的人进入处理个人信息的系统，防止信息载体被未经授权的人阅读、复制、更改或移动。防止个人信息未经授权即进入公共信息系统，以及任何未经授权而对被处理的个人信息的咨询、修改或删除。防止未经授权的人通过数据传输设备使用自动化数据处理个人信息存储系统。另外，这些措施应当保证适当水平的安全性。采用的标准一方面要考虑技术发展状况，另一方面要考虑个人信息的敏感性和潜在风险，保障个人信息处于隐秘、完整、正确以及更新的状态。

（三）符合时限的要求

个人信息的保存时间不应当超过达到收集和处理信息之目的所必需的时间。一般而言，这一时限不得超出医患关系的存续时期。例外地，处理者为了公共健康、医学研究、负责医疗的人或者记录控制者的合法利益以及历史的或统计的原因，而需要延长存储个人信息期限的，应当向本人告知，并证明以上事由的存在，同时充分考虑患者的人格利益。当时限届满，处理者应当主动将个人信息加以删除或者封锁。当以医疗机构为主的处理者未履行以上义务时，其应当承担相应责任。根据我国《医师法》第37条规定，当医方因泄露患者隐私而造成严重后果时，应当承担相应的行政责任。其不足有三：其一，将保护对象仅限于隐私，从而使琐细性个人信息无法得到保护；其二，将承担责任的事由仅限于泄露，从而使得本人无法对抗其他侵权行为（如未经许可处理以及肆意篡改个人信息等）；其三，责任形态不包括民事责任，使得本人利益难以实际得到补救。因此建议规定，当处理者实施以下行为时，即构成对患者个人信息权的侵害：擅自处理或公开个人信息，虽经许可但未采取合理的安全措施，超过时限处理个人信息，无正当理由拒绝患者查询、更正、删除、封锁以及支付报酬等请求。此时，患者得以主张医方的民事责任。就责任的形态而言，既可以因医方侵犯个人信息权而追究侵权责任，也得以因其违反医患合同义务为由主张合同责任。但是，根据我国现行法对这两种责任只能择一主张。

第三节　都市市民领域

市民个人信息保护不仅体现了市民社会中的权利本位理念，还能便利城市治理工作的开展并促进城市经济的发展。而城市经营者与治理者在处理个人信息时的有限理性诱发了他们与市民之间的利益对抗。确立个人信息权制度既是我们用博弈与财产权理论导出的结论，也是在城市发展的语境下进行价值思辨后的抉择。制度设计者需要以兼顾公平与效率为价值标尺，在保护与限制市民个人信息权之间寻求平衡。

一、市民个人信息保护困境

城市化是将农村人口转变为城镇人口的过程，从社会学、经济学和人口学的角度来看都有不同的定义。城市化是衡量一个国家经济、社会、文化和科技水平的重要标志，也反映了社会组织和管理水平。随着城市化的推进，农村的生活方式和生产方式逐渐向城市化的生活方式和生产方式转变，市民文化和观念成为主流价值理念。市民社会理念的核心之一是权利本位，要求城市治理的主要目标是确立和保护市民的权益。

城市化是人类进步不可避免的过程，是人类社会结构变革的一个重要方面。通过城市化，现代化目标得以实现。然而，仅仅看到城市化带来的成果而不关注其中的问题是不够的。在城市化的背景下，随着第二和第三产业在国民经济中的比重增加，个人信息的作用也得到了拓展。个人信息具有多种功能，并可以被城市管理者和经营者利用，以提高社会效益。个人信息保护在城市化发展中起着维护市民权益和彰显市民社会理念的作用。

经营者为了优化经营绩效，需要了解市民对商品和服务的需求，并进行有选择的后续营销活动。治理者为了履行城市管理职能，也需要收集和分析市民的基本信息。由于信息不完全和主观偏好等因素的限制，社会主体往往做出不完全理性的决策。基于追求经营和管理绩效最大化的动机，经营者和管理者经常擅自处理市民的个人信息。由于市民的人格利益受到侵害，他们对经营者和管理者产生不信任甚至敌对态度。

二、创设市民个人信息权制度

博弈论认为，制度（尤其是法律等正式制度）的设立能够有效地约束社会主体行为，促使他们彼此展开合作博弈。这不仅能够改变博弈参与者的不良偏好从而扩展其有限理性，还得以通过帕累托改进来兼顾公平与效率，从而实现社会财富的最大化以及利益分配的最合理化。对制度设计者而言，如何调和公平与效率之间的矛盾是永恒的难题。而无论在新自然法学代表罗尔斯还是新制度经济学代表科斯的眼中，公平都是实现与维持效率的必要条件。制度安排者只有赋予市民自由支配其个人信息并对抗一切主体（包括经营者与城市管理者）侵害的权利——个人信息权，才能在市民与这些主体之间合理地分配利益以实现公平，进而促进城市的有序发展，由此提高社会整体效率。同时根据新制度经济学的财产权理论，创设具有排他性特征的权利（如个人信息权）能够使权利主体（市民）与其他社会主体的权利与义务变得明晰。

个人信息权是指市民对其个人信息自由支配并排除他人侵害的权利。该制度被确立固然必要，但个人信息权绝对受保护会阻碍城市管理者与经营者对个人信息的有效利用，从而影响城市与社区公共福祉的实现。因此制度设计者应当在个人信息权的保护与限制之间寻求一个平衡点，由此实现市民、城市经营者与治理者的利益共赢，进而为推进城市化发展提供机制保障。此外，如何选择制度的形式，是正式的还是非正式的，还关系到它的设立成本以及实施效果。

另外，权利保护与限制是一个问题的两个方面。市民通过以下方式行使个人信息权：（1）决定个人信息是否以及如何被处理，这是个人信息权的首要内容。正如美国学者威斯汀所言，对主体人格与财产利益维护的关键在于使其享有控制与之相关信息的传播的权利。比如，1983年德国宪法法院在判决中宣示自然人对其个人信息享有自决权。（2）请求经营者与城市管理者等个人信息处理者采取合理措施以保持个人信息的秘密状态。① （3）市民就个人信息被处理的方式与期限等事项，得以向处理者查询。（4）市民对过时或者错误的个人信息，有权请求处理者更正、删除或封锁。

个人信息权的行使受到以下方面的限制：（1）当个人信息与经营的商业秘密以及与城市管理所涉及的秘密等发生关联时，市民可查询的个人信息范围受限制，或者在查询后有义务对商业秘密等保密；（2）当多数人的个人信息被收集与存储时，其中一人在查询时有义务对他人的个人信息保密并不得任意更改与删除；（3）当个人信息涉及城市建设和发展重大利益（如上市公司重大交易活动）时，为满足公众知情的需求，市民应当容忍这部分信息被强制公开。

---

① 李仪. 论电子商务环境下的消费者个人信息权制度：一个以新制度经济学为主的视角［J］. 消费经济，2009（5）：1.

第八章 个人信息跨国传输及其法律规则

　　随着全球经济一体化的进行，社会经济的发展越来越依靠物资、人员和信息的全球范围内的自由流通。个人信息的跨国流通，不仅涉及微观层面个人的信息安全，还涉及整个国家和民族的信息安全，因此许多国家公约和协定都把规范个人信息跨国传输规定为国家义务，这是一个成员国必须保障的，如《欧盟个人资料保护指令》和 WTO 的相关规定。然而，个人信息的跨国流通，不仅仅涉及个人权益的保护，而且还涉及国家主权、经济发展等诸多问题的诸多方面。从法律角度看，个人信息的跨国流通涉及的法律很广，涉及国际公法、国际私法、国际经济法和国内法，十分复杂。因此，规范个人信息跨国流通就成为国家立法的重点和难点。

第一节 个人信息跨国传输概述

一、个人信息跨国传输的概念

　　个人信息跨国传输，又称个人信息跨国流通，此概念来自资料跨国流通。资料跨国流通（Transborder Data Flows，简称TDF 或 TBDF），最早在由经济合作与发展组织赞助的一个关于隐私权保护的研讨会上被首次使用，后成为一个具有特定内涵的法律概念。

广义的 TDF 指的是各种资料，包括个人信息也包括其他资料在国与国之间的流动。狭义的 TDF 仅限于个人信息的跨国流通，而不包括非个人信息的资料流通。个人信息的跨国流通也有广义和狭义的区分。广义的个人信息跨国流通是指利用一切方式和手段进行的个人信息的跨国流通，不限于经由电脑处理和网络传递方式。经济合作与发展组织（Organization for Economic Cooperation and Development, OECD）理事会于1980年9月23日通过了《OECD 个人资料保护建议》，是对个人信息跨国流通进行专门规范的国际立法，其从广义上解释了 TDF。《OECD 个人资料保护建议》认为，个人信息的跨国流通方式，包括国际航空信件、国际电话、电报，无线广播、电视之跨国广播，互联网传播，甚至各种有形资料通过人工携带出境。1981年的《欧洲议会个人资料保护公约》规范的个人信息跨国流通方式不仅限于网络，还包括实体运送和邮寄。狭义的 TDF是指个人信息经由计算机等自动化处理技术处理和经由网络传递的个人信息跨越国界的流通。

我国新的《个人信息保护法》第三章规定了个人信息跨境提供规则，明确关键信息基础设施运营者和处理个人信息达到国家网信部门规定数量的处理者，确需向境外提供个人信息的，应当通过国家网信部门组织的安全评估。对于其他需要跨境提供个人信息的，规定了经专业机构认证等途径(第三十八条、第四十条)①。对跨境提供个人信息的"告知—同意"做出更严格的要求(第三十九条，应告知接收方详细信息，并取得单独同意)。未经中华人民共和国主管机关批准，个人信息处理者不得向外国司法或者执法机构提供存储于中华人民共和国境内的个人信息(第四十一条)。对从事损害我国公民个人信息权益等活动的境外组织、个人，以及在个人信息保护方面，对我国采取不合理措施的国家和地区，规定了可以采取的相应措施（第四十二条、第四十三条）。国家网信部门可以将其列入限制或者禁止个人信息提供清单，予以公告，并采取限制或者禁止向其提供个人信息等措施。

著者认为，应该以广义说为基础建立个人信息跨国传输制度。虽然利用互联网传输个人信息是最为便捷和经济的一种情况，并且可以预计它也是将来占主导地位的一种传输方式，但是邮寄和人工携带等传统方式仍然被普遍利用着，会带来和网络传输方式同样的法律后果。因此，应该一并纳入法律规范之中。从立法的周延性上讲，如果立法只规范网络传输，而忽视传统方式的传输，则会导致信息管理者故意利用传统方式进行传输以规避法律。因此，个人信息跨国传输是指利用一切方式和手段进行的个人信息的跨国流通。

二、个人信息跨国传输的分类

根据不同标准，个人信息跨国传输可以分为不同的种类。

---

① 王亦君，焦敏龙. 个人信息保护法草案首次亮相［N］. 中国青年报，2020-10-14（14）.

（一）网络传输和实体传输

以传输方式为标准，个人信息跨国传输可以分为网络传输和实体传输。网络传输是指利用网络手段进行的个人信息跨国传输，可以分为有线电系统的传输和无线电系统的传输。利用有线电系统进行个人信息跨国传输是最为常见的一种跨国传输方式。这个过程可以被描述为：信息管理者通过接入本地有线网络，经由全国统一的网络出口和海底光缆，然后接入目的国的有线网络，最终到达目的地的传送方式。这个遥远的路程，在网络上，仅仅几秒钟即可完成。我国利用有线上网的方式进行的传输就是这种方式。无线电系统传输则主要是指通过微波传送和卫星传送等无线方式进行的个人信息跨国传输。瑞典、芬兰等无线电技术十分发达的北欧国家，利用无线上网的方式传递个人信息属于无线传输方式。实体传输方式是指通过邮寄或人工携带出境等传统手段，实现个人信息的跨国流通的方式。这种方式是针对有物质载体的个人信息资料库而言的，比如刻录为光盘邮寄或携带出境，所以称为实体传输。

（二）政府行政之间和其他机构之间的传输

以传输主体为标准，可分为政府行政之间的个人信息跨国传输和其他机构之间的个人信息跨国传输。政府行政之间的个人信息传输包括两种：一是各国的政府行政之间的个人信息交换，如两国政府互派使节而互相传递外交人员的个人信息等；二是一国的政府行政向国际政府间组织所为的个人信息传输，如2003年我国卫计委每日向世界卫生组织通报 SARS 疫情时，其中就包含了有关患者的个人信息。其他机构之间的个人信息传输也包括三种：一是同一经济实体之间的个人信息跨国传输，如在跨国公司内部，其设立在国外的子公司或分支机构向母公司传输所在国的员工的个人信息以及收集的消费者个人信息等；二是不同的经济实体之间的个人信息跨国传输，如征信所出售所在国的消费者的个人信息给国外的营销机构等；三是政府行政向国际非政府间组织所为的个人信息传输，如我国的国家体育总局向国际奥林匹克委员会传递有关运动员的个人信息等。

第二节　个人信息跨国传输的基本原则

一、自由流通和合理限制原则

不同的国家对待个人信息跨国传输的立场并不相同。以信息供求为标准，全球国家可以分为两类：一类是个人信息进口国，另一类是个人信息出口国。美国等发达国家，需要依靠其他国家的大量个人信息分析来制定产品销售计划和战略，因此属于个人信息进口国；第三世界国家为个人信息出口国。一般来说，个人信息进口国希望最大限度地推进个人信息的自由流通，而个人信息出口国则希望尽最大可能控制和监管个人信息的跨国传输，以保护本国利益。

以美国为代表的个人信息进口国，主张自由流通原则。强

调个人信息应没有限制地在国与国之间自由流通。而信息技术
欠发达的个人信息进口国则主张实行严格限制原则。这些国家
在技术上远不及发达国家，为保护民族经济和避免在信息主权
上的受制于人，主张对个人信息跨国传输进行严格的限制。以
上两种主张都有失偏颇：不加限制，则会对一国的主权和其他
国家利益和个人权利造成损害，个人信息出口国将逐步沦为进
口国的"信息殖民地"。然而，严格限制又有阻断信息自由传
播之嫌，会阻碍经济发展，从而影响到政治进步。该建议还
确立了自由流通与法律限制原则。该原则规定，成员国应采取
一切适当的措施确保个人信息跨国流通的自由，以及在此基础
上，对跨国流通进行合理的法律限制。而合法化和合法不同，
除了合法，还有正义和合理的要求，因此比合法更为严苛，也
就是说，除了合法外，还应符合正义、合理等要求。

《OECD 个人资料保护建议》确立的个人信息跨国传输的
自由流通与合理限制原则的内涵如下。

1. 自由流通

人类社会正处于信息化转型之中，信息已经成为社会主要
资源。信息的流通能够产生新的资源，信息流通的程度往往
能决定一个企业乃至一个国家的发展前途。因此，各国无论在
个人信息保护制度上有多大的分歧，都赞同个人信息的自由流
通。《个人信息保护法》的立法宗旨就在于既要通过规范信息
流动而保护个人权利，又要通过规范信息流动实现信息共享。
对于一个国家也是如此，如果一国政府对公民的个人信息保护
走入极端，势必使该国成为国际社会中的一座"信息孤岛"，

会阻碍其同国际社会的互动，最终阻碍经济发展。

《OECD 个人资料保护建议》在导言中指出："尽管各国法律和政策存在不同，会员国在保护隐私和个人自由，以及调和基本的但互相冲突的价值，如隐私和信息的自由流通上，有共同利益；自动化处理和个人资料跨国流通使国与国之间产生新型关系，同时要求发展和谐统一的规则和实践；个人资料的跨国流通有利于经济和社会的发展；国内关于隐私保护和个人资料的跨国流通的法律可能阻碍这样的流通；决定推进成员国之间的信息自由流通并避免对成员国之间经济和社会关系的发展造成不公正的阻碍。"《欧洲议会个人资料保护公约》导言提出："欧洲议会的成员国，考虑到欧洲理事会的目标是获得成员国之间尤其是在法治、人权和基本自由上的更大统一；考虑到在自动化处理条件下个人资料跨国流通的不断发展，需要扩大对个人权利和基本自由，特别是隐私权的保护；同时重申成员国对信息自由无国界的承诺；承认有必要调和隐私基本价值和信息在人们之间自由流通的基本价值的关系，已经达成如下协议。"《欧盟个人资料保护指令》导言指出，为了消除个人资料流通中的障碍，所有成员国对个人资料处理中的个人权利和自由的保护水平必须相同。该目标对于国内市场是至关重要的，但是不可能由一个成员国单独完成，特别是考虑到成员国相关法律之间目前存在着较大分歧和协调成员国之间法律的必要性，从而保证以与条约规定的内部市场目标相一致的方式规范个人资料跨国流动。

可见，无论是美国这样的个人信息进口国还是发展中国家这些个人信息出口国，除了有各自的利益分歧外，信息自由还承载着大家共同的利益，所以信息自由流通是个人信息跨国传输的基本原则的首要内涵。

2. 合理限制

个人信息跨国传输引发的问题也是多方面的，不仅包括个人信息权利的实现问题和经济发展问题，而且还涉及信息主权问题。因此，对自由的流通给予必要的合理限制的思想也被发达国家和发展中国家共同接受。

自由本来就是有限制的。对自由流通进行合理限制是符合自由的本质的，二者并无矛盾。合理限制的内涵有二：第一，合法因素。这个因素包括应通过法律途径对自由流通做出限制，以及限制的内容应该合法两个方面。第二，正义因素。限制个人信息自由流通的因素，不仅仅是法律原因，还有基于社会的基本秩序，以及基本的正义观念也可以进行限制。其他机构跨国传输个人信息是否可行，应该着重考虑以下几个方面的因素：（1）遵守国际条约和国家协定；（2）接受国能提供相当的保护；（3）不得为规避我国现行法律而为跨国传输；（4）信息主体的书面同意或者为保障信息主体的重大利益；（4）不违反法律规定及社会公共利益。

二、对等原则

从国际公法的角度看，个人信息的跨国传输，涉及不同国家的关系问题。对等原则是处理跨国事务时，一国政府采取的基本原则之一。所谓对等原则是指外国一国政府的公民和团体的权利等加以限制的，该国政府得以对该外国的公民和法人的权利等方面施加同样的限制。对等原则的适用，以外国对本国的公民和团体施加额外限制为前提。①根据国家主权平等原则，国际社会认为这种限制应该是相互的和对等的。对等原则仅适用于对等限制，一般不适用于赋予权利方面。从个人信息跨国传输这个问题上讲，一个国家从自己的利益出发，往往对个人信息的输出进行限制，而对个人信息的输入则无限制。若一外国对传递到国内的个人信息进行了额外限制，国内也能够以同样限制对待传输至该外国的个人信息传输。个人信息的跨国流通，是一个涉及国家主权和经济发展，以及私人权益的诸多方面的综合问题，其最终的解决途径，是依靠国际社会的共同努力，形成有约束力的共同标准或者最低标准，消除个人信息跨国流通的障碍，促进自由流通和信息自由的真正实现。

第三节　我国个人信息跨国传输的困境及监管

一、个人信息跨国传输的困境

（一）现实困境

对于我国权威机关的个人信息跨国传输应当持何种态度

---

① 齐爱民，盘佳. 数据权、数据主权的确立与大数据保护的基本原则［J］. 苏州大学学报（哲学社会科学版），2015（1）：2.

问题，学界向来莫衷一是。有的学者认为，为了实现信息自由，应当采用类似于美国的立场与态度，允许个人信息被不加限制地自由流通；而其他学者则认为，为了维护本国民众人格尊严与自由，更是为了维护我国的公共利益，反对"信息殖民主义"，应当对个人信息跨国流通采取严格的限制。① 目前，我国尚没有专门的法律规范回应这一问题，从而对个人信息跨国传输实践活动带来制度性的障碍。根据 CNNIC 公布的《中国互联网络发展状况统计报告》，从2003年到2007年，我国67%的个人信息跨国传输活动被延迟或取消，其中89%是因为相关部门行政监管过严而被延迟取消的。著者认为，这一困境有两个诱因：一是个人信息保护固有的价值困境：为了维护信息主体人格尊严需要制止他人任意对个人信息收集、处理与利用，但这又阻碍了信息自由的实现，而促进信息自由又有损人格尊严。二是个人信息跨国传输还关系到一国公共利益的维护，具有强烈的国界性，中国与西方国家在文化理念与制度规范上的差异，双方很难在制度趋同的基础上达到信息共享与互信。

（二）出　路

对于在信息自由与人格利益之间如何进行平衡的问题，北美与欧洲历来坚持不同的立场。美国和加拿大等国在摆脱英殖民统治后，最渴望的是自由。这里的自由同样包括个人对自己信息的自主支配，以及公众不受限制地接触和利用个人信

① 齐爱民. 个人资料保护法原理及其跨国流通法律问题研究［M］. 武汉：武汉大学出版社，2004：219.

息。美国联邦贸易委员会 (FTC) 在1999年7月提交给国会的一份报告中指出,北美各国越来越关注信息自由以及它对民众言论自由和信息产业发展的重要性。因此,北美的立法者和司法者几乎都把信息自由视为制定和实施个人信息保护制度的主要标准。例如,美国的大法官本杰明·卡多索和哈兰·斯通都曾提出信息自由权是"母体"和"优先"权利。这种观点也被该国的判例所接受。与北美地区强调信息自由的情况不同,在曾经历过人权遭受摧残的中世纪欧洲,立法者们更倾向于维护信息主体的人格尊严。1789年的《法国人权宣言》第4条规定了"自由必须无碍他人的人权"的原则,这在欧洲大陆后来成为统治者和被统治者所遵守的准则:行使行为自由的前提是不损害他人的基本权利,其中包括人格尊严权利。1995年欧盟《个人资料保护指令》第1条开宗明义地指出,该指令旨在保护自然人的人格尊严权等基本权利,而后文(第9条)才规定信息自由流通也受到一定程度的保护。其成员国也在各自的个人信息规范宣示了相同的立场。[①]

正如英国学者 Sutton Graham 所言:"正如美国坚持信息自由,欧洲国家坚持对信息流通加以严格限制,中国应当根据其自身国情制定与实施自身的规范。"如果不对规范加以限制,则会对一国的国家权利与个人权利带来负面影响,极易成为信息殖民主义的牺牲品;如果过多限制,则不利于信息的自由传播,等于固步自封,从而阻碍信息社会的到来。因此,我国立

---

① 参见《法国个人资料处理以及个人自由法》第1条、《德国联邦个人资料保护法》第1条以及《英国资料保护法》第1条。

法者与执法者应当在允许信息自由流通与合理限制之间寻求一个平衡点。具体而言，在原则上允许个人信息自由传输的前提下对流通事由、方式与程序等方面进行限制，从而兼顾信息自由、人格尊严以及国家主权等各方面的利益。

二、个人信息跨国传输的监管

（一）设立专门的登记机构

对个人信息跨国传输进行监督为各国的一致主张。就监督制度而言，有两种做法：一种是设立专门的、独立的监督机构。欧盟国家以及我国香港特区采取这种监督体例。另一种是各行业的主管行政机关负责监督，增加监督职能。就我国的现状而言，由各行政主管机关行使监督权更为实际。从长远来看，应设立有独立职权的监督机关。

（二）监督机构的职能

监督机构的职能包括：（1）从业登记制度。拟从事个人信息跨国传输的其他机构（如网络服务商）应事先进行登记，获得批准后，才能进行跨国传输。（2）审查和许可制度。监督机构应对拟传往国外的个人信息进行审查，经监管机关审查许可的，方能进行跨国传输。对于一般的个人信息，可在形式审查的基础上给予概括许可，对于特定种类的个人信息，监管机关应进行实质审查，并做出决定，当事人对监管机关的决定不服的，可向监管机关申请复议或向法院起诉[①]。（3）查询和公告制

---

① 程卫东. 跨境资料流动的法律监管［J］. 政治与法律，1998（3）：71.

度。对于从事个人信息跨国传输的登记记录通过网络等方式可向公众公开，便于公众了解传输者（如网站）的传输权限。对于违规经营的传输者（如网站），应予以公告。（4）行政救济制度。监督机构作为一个行政管理机关，有权受理当事人的投诉，并做出相应处理。

第九章　个人信息在司法系统中的利用

第一节　概　述

一、基本原理

（一）立　法

对"立法"的含义有狭义的和广义两种理解方式。从狭义的解释来看，根据我国现行《宪法》，立法是指全国人民代表大会及其常设机关制定法律这种特定规范性文件的活动；从广义来看，立法泛指国家专门机关根据一定的指导思想和基本原则并依照法定的权限和程序，将统治阶级的意志上升为国家意志，并以正式性规范对这一意志加以表述的过程。本章所称的立法是从广义角度而言。立法一般包括法律规范创制、修改和废止在内的一系列活动。立法具有以下基本特征：（1）专门性。该活动由具有立法权限的国家专门机关实施，作为国家的一项专门活动任何其他组织与个人不得僭越。（2）权威性。立法既包括有立法权的专门政府行政进行的立法活动，也包括经授权的政府行政进行的立法活动。但不论由哪一机关实施，所形成的立法文件一经通过与颁行即具有强制力与约束力，任何机关、组织与个人均应遵守。（3）程序性。法的制定是由多个阶段组成的有机与连贯的整体。我国的立法体制可以被概括如下：全国人民代表大会修改《宪法》，制定和修改刑事、民事、国家机构的和其他的基本法律；全国人大常委会制定和修改除应当由全国人大制定的法律以外的其他法律；国务院根据《宪法》和法律，制定行政法规；省、自治区、直辖市的人大及其常委会可以根据本行政区域的具体情况和实际需要制定地方性法规；较大的市的人大及其常委会根据本市的具体情况和实际需要，在《宪法》、法律、行政法规和本省、自治区的地方性法规相抵触的前提下，可以制定地方性法规；自治区、自治州、自治县的人大有权依照当地民族的政治、经济和文化的特点，制定自治条例和单行条例，对法律、行政法规的规定做出变通规定；国务院各部、各委员会、中国人民银行、审计署和具有行政管理职能的直属机构，可以在本部门的权限范围内，制定规章；省、自治区、直辖市和较大的市的人民政府，可以根据法律、行政法规和本省、自治区、直辖市的地方性法规，制定规章。根据我国《宪法》与《立法法》规定，立法的基本程序包括：（1）立法准备。（2）提出法律议案。法律议案是指由专门机构或者人大代表依照法定程序提请立法机关进行审议并做出决定的议事原案。全国人民代表大会常务委员会、国务院、中央军事委员会、最高人民法院、最高人民检察院、全国人民代表大会各专门委员会，可以向全国人民代表大会提出法律议案。（3）审议与通过法律议案。《宪法》议案的通过需要三分之二以上的代表同意，而法律议案需要过半数代表同意方能通过。（4）法律的公布与实施。

（二）司　法

广义的司法是指国家司法机关及司法组织在办理诉讼案件和非讼案件过程中的执行法律的活动。狭义的司法指国家司法机关在办理诉讼案件中的执法活动，本章所称的司法是从广义角度而言。较之于立法与行政，司法具有以下特征：（1）该活动由专门的司法机关或者相关组织实施，从而具有专门性。（2）根据告诉原则与不告不理原则，司法机关只能针对公诉机关与原告的起诉开启相关程序，从而具有被动性。这与由相关机关或者组织根据职权主动发起与实施的立法与行政活动不同。（3）有西方法谚云"司法是公正的最后防线"，意即司法活动是解决纠纷以维护社会秩序的最终也是最具有权威性的程序。

在我国，从事司法活动的主体包括司法机关与其他司法组织。这里的司法机关是指负责侦查、检察、审判、执行的公安机关（含国家安全机关）、检察机关、审判机关、监狱机关，而司法组织是指律师、公证、仲裁组织等根据法律授权在一定条件下从事司法活动的社会组织与个人。在奉行职权主义的我国，司法机关无疑是司法活动中的主体，而法院与检察机关在司法机关中发挥着主导作用。按照我国政府行政组织与运行体制，最高人民法院与最高人民检察院是最高司法机关，在省（直辖市、自治区）、市（地、州）以及县分别设立级别各异的法院与检察院，另外设铁路、军事、林业、海事等行业法院或者检察院。不同于行政组织的上下领导关系，我国上下级司法机关之间属于监督与被监督关系，司法机关只受同级人大以及常委会领导。司法组织从事司法活动的依据是司法权，按照内容不同，司法权可以分为侦查权、起诉权、审判权、监督权、抗诉权以及执行权等。司法活动的基本要求包括：（1）正确，即在适用法律、与处理案件的程序与结果等方面准确，做到不枉不纵；（2）合法，即管辖的确定、权力的应用以及案件的处理应当严格遵照法律；（3）及时，即在保证正确与合法前提下提高办案效率。

二、相互关系

（一）相互依赖

按照新制度经济学的国家理论以及制度演化理论，法律制度是统治者为配置社会资源而做出的权威安排，具有垄断性与效率性等特征。为最有效地维护本人基于其个人信息享有的合法权益，国家必须以法律规范的形式对个人信息加以保护，并对侵害个人信息的行为通过法律手段予以防止。就我国现行法而言，个人信息保护的模式落后、手段欠缺、形式分散与不理性，这都制约了个人信息本人人格利益的充分保护。为此，我国急需更新立法理念、完善立法形式、优化保护模式并改进救济手段，而这些任务都只能通过法的制定才能完成。反过来，《个人信息保护法》的颁行必将充实我国法律体系并丰富立法理念从而促进法治文明的实现。总之，个人信息保护与立法是相互推动的。在科学的法律规范指引下，司法是国家切实保护个人信息的手段。这是因为，在个人信息保护方面本人所面临的最大风险来自他人对个人信息的违法收集与利用等行为。对此，本人需要在法律许可的前提下对行为人提起包括确认、变更与给付在内的民事诉讼，在本人认为法院未充分救济其权利时应有权上诉与申诉。另外，当侵害个人信息的行为已损及公共利益时，公诉机关需要向行为人提起刑事诉讼以平复被扰乱的社会秩序。当审判机关认定行为人构成侵犯个人信息权后，需要通过国家强制力保障被侵犯的权益得到救济，被创痛的心灵获得慰抚，被搅乱的社会生活能恢复安宁。凡以上种种，无不需要当事人以及司法机关通过司法程序行使起诉权、上诉权、申诉权以及执行权来实现。而有效防止个人信息侵权行为，又能促进我国司法体制的完善与审判水平的提高。

（二）相对对立

作为公共利益实现与维护者的立法与司法机关在行使职权过程中，可能与本人基于个人信息而享有的私益产生矛盾。比如，为做好《婚姻法》修改的准备工作，立法者可能收集与分析若干家庭的健康与情感资料；又如，为提高侦查活动的效率可能对犯罪嫌疑人的个人信息加以分析；再如，证人为履行作证义务可能不可避免地在证词中涉及相关个人的基本情况。此外，和行政权力同作为公权力的立法权与司法权均有被滥用的可能，在欠缺权力制约机制的情况下，立法者与司法机关可能超出其职权范围收集与利用个人信息。个人信息保护法作为个人信息利用领域的利益均衡器，应当在立法、司法所代表的公共利益与个人信息本人的私益之间寻求最佳的平衡点，从而实现全社会的帕累托效益最优。

第二节　个人信息在立法者中的利用

一、立法活动参与者

立法活动的参与者为人民代表大会及其常务委员会的成员。人大代表肩负着了解与反映人民迫切愿望并通过法定程序将这些愿望表述于制定法之中的重任。在人大代表选举中，民众为了选出能够真切表达自身真实意愿的代表，需要知悉候选人的身份与履历等；同时，为了便于人民群众及时向人大代表反映意愿，促使后者与民众保持密切联系以听取其要求，需要将人大代表的联系方式通过一定方式向社会公开。在以上两种情况下，人大代表的个人信息都需要被收集、存储并公之于众。然而，作为自然人的人大代表对其个人信息享有决定、许可他人使用、删除、封锁以及排他侵害等方面的权利。

我国《立法法》及其与人民代表选举有关的法律规范对这一问题都未做任何规定。对此，学术界与立法界的观点主要有：（1）无条件公开说。持此观点者认为，人大代表候选人的学历以及工作履历等个人信息是民众选举的最重要依据，而前者的电话号码以及家庭地址等信息则是民众与之联系的最重要手段。只有将这些信息无条件公开,方能拓宽群众与人大代表之间联系与沟通的渠道,从而保障人大代表队伍的先进性并真正发挥群众对人大活动的监督作用。(2)尊重代表权利说。论者认为,人大代表对其个人信息尤其是隐私享有着人格权,不能以发挥民众监督人大工作为由剥夺与限制这一权利。(3)有条件公开说。该说支持者称,在适当向公众公开人大代表的个人信息的同时,应当注意对公开的范围加以限制,否则会侵害人大代表及其亲属的权益。人大代表个人信息的公布,既关系到公众对人大工作监督的公共利益,又影响到人大代表因信息自决而享有的私益。如果过分强调公众的利益而无条件公开代表个人信息,必将有损后者的人格尊严与自由;而片面追求私益优位而禁止代表个人信息公开,则有碍社会公众对权力机关工作的有效监督。因此,无论无条件公开或者过度限制公开都是不可取的。正确的做法应当是,人大代表的个人信息应当在符合特定条件下被强制公开。这些条件包括:(1)公开应当基于方便选民参与选举以及民众联系代表的目的;(2)公开的范围仅限于代表的姓名、履历等选举时必须参考的及民众联系代表所必须的联系方式等个人信息;(3)对于个人信息公开的事由、方式与期限等内容应当告知作为本人的被选举者以及人大代表。这里需要探讨的问题是,处理个人信息之前是否应当征得人大代表本人同意?著者以为否。根据比例原则,私益在满足公共利益的必要范围与限度内需要被适当限制。

二、其他相关主体

立法合法性的外延既包括立法权力来源、范围以及价值合法等实体方面，也包括过程公正、理性与效率等程序要求。而程序作为实体的保障，往往对于立法的合法性判断起着更为重要的作用。而在立法准备与审议立法议案这两个重要的立法程序中，相关机关与个人为了论证法律议案的科学性、合法性与合理性，往往需要对特定社会主体的个人信息加以收集、存储与分析。比如，在2001年《婚姻法修正案》颁行之前，人大法工委就对我国若干家庭的婚姻状况进行过长时间的调查、研究与分析；又如，在2007年《反洗钱法》颁行之前，立法者也对若干金融机构收集与分析客户个人金融信息的情况进行过调研。为实现立法程序中的效率价值，立法者需要对民众的个人信息加以收集与分析；而为了实现立法程序公正，作为调研对象的公众的个人信息权应当得到尊重。

不同于人大代表，限制民众个人信息权的条件应当更加严格。理由是，从身份上说，人大代表作为立法机关的公职人员本身就应当受到更多的行为自由限制，而民众则否；从涉及利益而言，被披露的人大代表个人信息一般是琐细性的，但民众的则多包括敏感性的（比如被调研夫妇的婚恋、感情、禁婚疾病史等），显然后者所受到的利益损害程度更大。具体来说，立法者等主体在处理民众的个人信息时应满足以下条件：（1）处理的目的以及个人信息种类被限定于立法所必需的范围内；（2）个人信息处理主体只能是具有提出与审议法律议案职权的机关以及相关组织；（3）处理敏感性个人信息之前原则上应当向本人告知并征得其许可，对琐细性个人信息的处理虽无须经本人同意但仍应向其告知；（4）设立本人对处理其个人信息的行为提出异议的程序。现阶段学术界关于如何完善立法准备以及议案审议等程序的争论较多。因此，为实现立法程序的科学化与透明化，不仅需要将议案提出与审议的过程向社会公众公开，更应当将个人信息来源以及处理情况等通过听证会等方式向本人以及其他民众告知，从而为本人对违法处理其个人信息的行为提出异议。

第三节　刑事诉讼法的立法原则和措施

刑事诉讼被告与犯罪嫌疑人个人信息处理有关的规定已经不少。根据《刑事诉讼法》规定，办案人员必须依照法定程序，收集能够证实犯罪嫌疑人、被告人有罪或者无罪、犯罪情节轻重的各种证据，严禁采用非法手段收集证据。国家专门机关有权向有关单位和个人收集、调取证据（其中当然包括当事人的个人信息），有关单位和个人应当如实提供。凡是知道案件情况的人，都有作证的义务。犯罪嫌疑人对侦查人员的提问，应当如实回答。但是对与本案无关的问题，有拒绝回答的权利。在勘验、搜查中发现的可用以证明犯罪嫌疑人有罪或者无罪的各种物品和文件（包括犯罪嫌疑人的个人档案在内），应当扣押。与案件无关的物品、文件，不得扣押。对于扣押的物品、文件，要妥善保管或者封存，不得使用或者损毁。我国《律师法》规定，律师会见犯罪嫌疑人、被告人，不被监听。相对而言，有关民事和行政诉讼中个人信息处理问题的规定较少。《民事诉讼法》规定，原告在起诉状中应当载明当事人的姓名、性别、年龄、民族、职业、工作单位和住所，法人或者其他组织的名称、住所和法定代表人或者主要负责人的姓名、职务。根据最高人民法院关于适用《民事诉讼法》的若干解释规定，涉及可能有损国家利益、社会公共利益或者他人合法权益（涵盖当事人个人信息与隐私的权益）的事实，人民法院可以应当事人申请根据职权主动调集证据。当事人及其诉讼代理人申请人民法院调查收集证据时，应当在申请书中载明被调查人的姓名或者单位名称、住所地等基本情况涉及国家秘密、商业秘密和个人隐私或者法律规定的其他应当保密的证据，不得在开庭时公开质证。

在欧盟的司法领域，无论是刑事公诉还是其他程序中，对个人信息的处理始终应当兼顾诉讼等活动进行所代表的公共或者私人利益与本人个人信息的权益，但在我国却过分强调对前一利益的维护。在我国的保护对象（以隐私为主）远远窄于欧盟（所有个人信息），我国缺乏像《欧盟数据保护指令》以及意见书中关于本人的基本权利以及处理者的义务的规定，至于司法机关等主体侵害个人信息权或者隐私权后应当承担司法赔偿等责任的规定更是未见于我国现行法当中。我国的必然之选是在更新立法理念并确定基本原则的基础上，拓宽司法领域个人信息保护的范围，建构科学与有效的制度模式并配以相应的责任追究等机制。[①]

一、确立公正优先的理念

公正的英文对应词为 justice，原意中包含了公平、正义、正当等，在司法的语境下公正的实质内核为诉讼以及非诉讼程序参与人对等享有权利与履行义务，在裁判结果上获得平等的待遇。由此，公正可分为程序（过程）公正与结果公正。效率的原意是收益与成本之间的比率，其在司法背景下意指通过耗费最小的司法资源换取最大的社会治理效果。公正与效率的冲突与司法制度甚至整个法制一直形影相随，在个人信息处理问题上这一冲突则集中体现为，为实现司法公正犯罪嫌疑人和被告等当事人的个人信息权需要维护，而司法机关等主体为提高效率需要收集存储与分析这些信息。虽然古今中外的法学家与立法者始终致力于在公平与效率之间寻求一个最佳的平衡点以实现对二者的兼顾，但现实却是偏重一方而损害另一方。比如，为加快侦查的进程需要强制调取犯罪嫌疑人的个人信息，而这无疑侵害了其对个人信息的决定权。对此，学术界的普遍观点是为实现公正尤其是程序公正而适当限制效率。首要的理由是，效率本身即为公正的要求之一，因此前者的实现必须以后者为保障。而如果片面追求司法效率而忽略了公正，必将导致错案迭起从而最终影响效率的实现。如果说在处理民事与行政纠纷时基于对商事与行政效率的考虑，公平优先体现得不够

[①] 彭錞. 论个人信息保护行政处罚制度：以《个人信息保护法》第66条为中心 [J]. 行政法学研究，2022（4）：38.

明显的话，那么在以维护公民人权与社会秩序安定为本旨的刑事诉讼（尤其是公诉活动）中，这一价值取舍更应当成为金科玉律。这正好解释了为何欧盟数据保护工作组专门立法对公诉程序中的个人信息处理活动加以规制，并加以特别的条件限制。但恰好是在这一领域，我国对犯罪嫌疑人以及刑事被告包括个人信息权在内的重要权益的维护是极不充分的。为完善我国司法制度，真正本着公正优先的理念保障包括犯罪嫌疑人在内的所有社会成员的人权，我国应当首先致力于维护当事人基于个人信息而享有的权益。

二、立法原则

确立基本原则时应当体现出个人信息保护在司法领域的特殊诉求。因此，相关主体在基于司法目的处理个人信息时，不仅需要遵循自决、目的明确以及安全等一般原则，还应当恪守以下特殊原则：第一，处理权限法定原则。其含义是，司法主体必须依照法律规定方能处理当事人等的个人信息，否则行为违法。司法职权具有法定性与专属性，只有基于法律明文规定方能产生，在行使时只能由特定机关或者其他主体行使，其他任何机关、组织与个人不得越俎代庖。因此，司法主体只有在相应职权的情况下处理当事人的个人信息，否则即构成越权。在公诉活动中，这一原则对于制约国家专门机关的越权活动尤为关键。因为，公诉案件的处理往往需要经过立案、侦查、起诉、审判与执行等若干程序，每一程序的主管机关均不同。而职权法定原则可以有效防止相关机关超出职权范围收集犯罪嫌疑人与刑事被告的个人信息。第二，权利保障与处分原则。根据该原则，诉讼参与人以及相关主体的个人信息权不受包括司法机关在内的处理者侵害，并得以请求处理者采取合理措施保持个人信息正确、完整与更新的状态，在无碍司法目的的情况下其得以自由处理个人信息。该项原则实际上是自决原则以及安全保障原则在私法领域的特殊体现。之所以在这里加以强调，是因为我国数千年的公权力以及公法本位思想使民众本来在制度上已极其欠缺的权利，在面临政府行政的公法行为时在事实上消亡殆尽。为使社会民众对抗公权力，以免使个人信息权在面对司法权力时沦为具文，必须在基本原则中写入立法者切实保障此权利的意愿。第三，对处理行为检察与监督原则。三大诉讼法均以检察与监督为基本原则，其理论基础主要是权力制约论，基本含义包括侦查、起诉与审判在内的司法职权的运行必须受监督。为有效制约司法机关等违法收集与利用本人的个人信息，监督与纠错是检察院以及人大等机关的责任。

三、法律措施

规制司法活动中个人信息处理行为的手段可以归结为两点：赋权与限权，即赋予本人以个人信息权与限制司法机关等主体处理信息的职权。在我国公权力相对于私权利具有绝对优势的环境下，只有限制了前者才能为后者的存在与保障创造前提。

（一）个人信息处理者的义务

在司法领域，处理个人信息的主体主要是司法机关以及仲裁机构等组织，这些主法体在实施处理行为中应当履行以下义务：第一，在职权范围内。根据处理权限法定原则，司法机关收集与利用本人个人信息的前提是对案件具有管辖权。根据我国《行政诉讼法》与《民事诉讼法》的相关规定，负责处理行政与民事案件的司法机关是符合级别、地域以及专属等管辖规则的人民法院。根据《刑事诉讼法》及相关法规与司法解释，公安机关、国家安全机关以及军队保卫部门等管辖刑事案件的侦查以及移交审查起诉活动，检察院管辖审查起诉，以及监督活动，符合级别、地域以及专属等管辖规则的人民法院负责审判活动，法院、监狱以及公安机关等负责执行。第二，符合目的。根据《欧盟数据保护指令》以及关于刑事犯罪的意见书所确立的数据质量以及比例原则，司法机关只能基于特定、明确和合法的目的收集相对人的个人信息，并且后续的处理行为不能与这一目的相悖。这一规则同样可以被用以限制我国相关主体滥用司法权肆意侵害个人信息权的行为。对于如何划定处理个人信息的目的之范围问题，应当因司法行为的类型差异而做不同判断。考虑到刑事诉讼中的公诉活动几乎都旨在维护重大公共利益，因此其目的范围可以做较为宽泛的理解，一般来说只要与案件有关的个人信息都得以收集、存储与利用；而刑事自诉、民事诉讼与行政诉讼等主要涉及的是私益或者较为次要的公共利益，因此处理个人信息的目的范围也应当做较为严格的限制，原则上只有出现处理个人信息所追求的利益大于本人权益之事情时，方可被认定为符合目的。这些事情包括但不仅限于：当事人因客观原因无法举证但该证据与案件的判决结果直接相关，而且判决结果关乎公共利益、当事人人身权益或者重大财产权益。第三，告知本人并采取相应安全保障措施。在符合处理目的范围的前提下，对个人信息的处理无须征得本人的同意，然而为了维护其知情的利益并对违法处理行为提出异议，应当向其告知个人信息被处理的原因、期限以及手段等。告知原则上应当在处理之前以书面形式做出。当然，如果处理行为涉及国家秘密等重大公共利益时，此义务无须履行。另外，司法机关处理个人信息过程中所采取的储存措施安全性问题，也受到了国际社会的关注。例如，1995年《欧盟数据保护指令》第25条就要求，成员国司法机关应当确保个人信息存续以及安全保护措施的合理性与安全性，以免信息被非法披露或传输。在我国，司法机关应当采取必要手段以防止个人信息被他人非法窃取与利用。考虑到作为处理者的司法机关与作为本人的当事人之间信息与力量严重不均衡，应当由前者对措施的采取提供证据，否则推定措施未被采取或者欠缺合理性与安全性并承担相应责任。第四，接受监督。以司法机关为主体的信息处理者在实施收集、存储与利用个人信息等行为时应当受到相应机关的监督。根据我国的司法体制，对司法机关进行监督的主要有本级人大及其常委会、检察机关和上级司法机关。基于司法目的而处理个人信息作为司法机关的职权行为当然也受到这些主体的监督。

（二）个人信息本人的权利

在欧洲国家，当事人等的个人信息权也受到了法律的明确保护。我国现有司法制度中对当事人地位的规定主要是义务性

的，较少涉及权利问题。例如，根据《欧盟数据保护指令》第
10条，在民事与行政诉讼等程序中，本人对于其个人信息享有
知悉、修改、删除以及封锁等权利。而根据该组织关于刑事犯
罪的意见书，作为个人信息的本人在公诉中得以对违法处理其
个人信息的行为加以反对，并对于不正确、不完全或过时的个
人信息得以请求处理者纠正、补充、删除或者封锁。权利作为
公民对抗权力的最有效手段，在司法领域个人信息保护中同样
发挥着至关重要的作用。具体而言，本人得以通过以下方式行
使其个人信息权：（1）决定其个人信息是否以及以何种方式被
司法机关等主体处理；（2）对于其信息被处理的事由、方式与
时限等内容，得以向司法机关等查询；（3）对于过时、错误的
个人信息，得以请求个人信息处理者更新、更正或者删除与封
锁；（4）当其个人信息被处理的事由消失或者时限届至，得以
请求司法机关等对信息加以删除或者封锁。当上述权利受到侵
害的时候，一般产生以下效果：（1）本人得以向检察机关、处
理者的上级机关或者同级人大或常委等监督机构申诉；（2）监
督机构在认定处理者的行为违法后应当责令其停止侵害；（3）
在情节严重的情况下侵权机关应当向本人进行司法赔偿；（4）
违法处理个人信息的行为无效，所取得的证据，根据证据规则
被视为无效，不得作为定案依据。然而，个人信息权在各个领
域中总会受到不同程度的限制，在与公共利益联系得更为紧密
的司法当中更是如此。首先，本人在这一领域尤其是公诉活动
中很难行使对其个人信息的决定权，当司法机关对个人信息的
处理符合职权与目的范围时，通常不需要经过本人同意。其

次，当个人信息处理的行为关乎国家秘密等重大公共利益时，限制甚至被排除其查询与知悉等权利。

第四节　刑事诉讼的相关问题探讨

一、侦查阶段

在侦查活动中，国家专门机关为获取有罪、无罪、罪重、罪轻以及其他相关证据，需要通过询问证人与被害人以及讯问犯罪嫌疑人等途径收集与分析相关个人信息。为了便利以上活动的进行，先进国家与地区倾向于通过网络手段对特定主体的行为以及地段进行监控。比如，美国于1994年通过了《执法机关通讯协助法》，根据该法，电话使用者应当改变其设施从而便利执法机构在其电子线路上进行监听；又如在英国，为了便于查处与打击包括毒品、洗钱与恐怖活动在内的现代犯罪，政府机构与司法机关有权截取公民之间的电子邮件以及个人数据库等。高科技侦查手段在提高侦查效率的同时，也对相关个人（尤其是犯罪嫌疑人）个人信息权的维护带来了新挑战：一方面，上述手段的隐秘性使得本人难以对监控者的违法行为举证，从而很难得到法律的救济；另一方面，网络与电子技术的运用使个人信息的跨地域流通变得可能，这更加深了违法处理行为对本人权利的侵害程度。然而，我国现行法关于犯罪嫌疑人等侦查行为相对人地位规定主要是义务性的，他们缺乏对抗侦查机关非法处理其个人信息行为的手段。比如《刑事诉讼法》规定，国家专门机关有权向有关单位和个人收集、调取证据，有关单位和个人应当如实提供；凡是知道案件情况的人，都有作证的义务。根据以上两条，任何人应当无条件提供其本人及其所知悉的他人的个人信息。又如《刑事诉讼法》规定，犯罪嫌疑人对侦查人员的提问，应当如实回答。据此，嫌犯保守其个人信息的行为属违法。通过以下两方面完善在侦查阶段对本人个人信息权的保护：（1）当侦查机关以及相关主体采用网络与电子手段进行监控时，令其对目的、职权范围、行为手段的合法性举证。在举证不能时，推定其行为违法从而所取得的证据被排除并向本人承担相应责任。（2）赋予犯罪嫌疑人沉默权。沉默权，原指犯罪嫌疑人与被告在侦查等活动中保持沉默或者拒绝回答讯问的权利。在个人信息处理的语境下，该权利还应当包括犯罪嫌疑人拒绝向有关机关提供其本人以及相关他人的个人信息之内容，即使个人信息与案件有关。自犯罪嫌疑人开始讯问或者第一次采取强制措施之日，侦查机关即应当向其告知这一权利的内容，犯罪嫌疑人不得因为拒绝提供个人信息而遭受不利后果。该权利的确立，无疑能够有效保障本人实现对其个人信息的自决。当然，该权利一旦被写进法律并付诸实践保护可能影响侦查活动的开展从而损及效率价值，这正是某些学者对这一权利在我国可采用性持怀疑态度的原因。①

---

① 高富平，王文祥. 出售或提供公民个人信息入罪的边界：以侵犯公民个人信息罪所保护的法益为视角［J］. 政治与法律，2017（2）：46.

二、未成年人犯罪

未成年人是指不满十六岁的自然人。未成年人在心理与生理上均处于正在成长与发育阶段。因此，主要国家与地区刑事诉讼活动中对未成年人的人格尊严与自由等利益予以了特别关注。我国《中华人民共和国预防未成年人犯罪法》规定，人民法院审判未成年人犯罪的刑事案件，应当由熟悉未成年人身心特点的审判员和人民陪审员依法组成少年法庭进行。对于已满十四周岁不满十六周岁未成年人犯罪的案件，一律不公开审理。已满十六周岁不满十八周岁未成年人犯罪的案件，一般也不公开审理。对未成年人犯罪案件，新闻报道、影视节目、公开出版物不得披露该未成年人的姓名、住所、照片及可能推断出该未成年人的资料。该规定显示出立法者对未成年犯个人信息保护问题加以特别关注的意图，然而以下两点不足使它在很大程度上仅具宣示与倡导作用而鲜有实际之效：第一，适用范围过于狭窄。该条仅适用于审判阶段，这就使侦查、起诉与执行等阶段中的个人信息处理行为不受该条约束，尤其是我国还未完全从侦查中心主义转向审判中心主义过渡，这样的规定极有可能为侦查机关违法处理未成年人个人信息提供借口。第二，保护措施过于原则从而不具有可操作性。例如，如何有效防止新闻媒体等披露个人信息，该条文没有做出答复。

为此，首先应当对所有参与对未成年人犯罪追诉活动的国家专门机关尤其是侦查机关追加不得任意披露个人信息的义务。此外，防止新闻媒体等机构传播与利用未成年犯个人信息的措施应当被具体规定。

第十章　个人信息侵权行为的认定和法律责任

第一节　侵害个人信息行为及构成要件

这里所说的侵害个人信息的行为，是指对个人信息非法收集、处理与利用的行为。根据行为的性质和引起的后果，侵害个人信息的行为包括个人信息民事侵权行为（简称个人信息侵权行为）、政府行政个人信息侵权行为以及个人信息犯罪行为三大类。以信息管理者的性质为标准，可以分为政府行政侵害个人信息行为与其他机构侵害个人信息行为。这种分类的意义在于，行为人的性质不同，是政府行政还是其他机构，决定了他们对其所为的侵害个人信息行为的不同的责任。

我国新的《个人信息保护法》对此做了很严格的规定。第六十六条规定，违反本法规定处理个人信息，或者处理个人信息未履行本法规定的个人信息保护义务的，由履行个人信息保护职责的部门责令改正，给予警告，没收违法所得，对违法处理个人信息的应用程序，责令暂停或者终止提供服务；拒不改正的，并处一百万元以下罚款；对直接负责的主管人员和其他直接责任人员处一万元以上十万元以下罚款。第六十七条规定，有本法规定的违法行为的，依照有关法律、行政法规的规定记入信用档案，并予以公示。第六十八条规定，政府行政不履行本法规定的个人信息保护义务的，由其上级机关或者履行个人信息保护职责的部门责令改正；对直接负责的主管人员和其他直接责任人员依法给予处分。履行个人信息保护职责的部门的工作人员玩忽职守、滥用职权、徇私舞弊，尚不构成犯罪的，依法给予处分。第六十九条规定，处理个人信息侵害中对个人信息权益造成损害，个人信息处理者不能证明自己没有过错的，应当承担损害赔偿等侵权责任。第七十条规定，个人信息处理者违反本法规定处理个人信息，侵害众多个人信息权益的，人民检察院、法律规定的消费者组织和由国家网信部门确定的组织可以依法向人民法院提起诉讼。第七十一条规定，违反本法规定，构成违反治安管理行为的，依法给予治安管理处罚；构成犯罪的，依法追究刑事责任。

个人信息侵权行为是指作为其他机构的信息管理者没有合法依据和约定而实施的侵害他人个人信息而应承担不利的民事法律后果的行为。[①] 以有无造成损害为标准，个人信息侵权行为也可以分为一般的侵权行为和承担损害赔偿责任的侵权行为。这种分类的意义在于，侵权行为的后果不同，构成要件和责任承担方式也不相同。一般认为，侵权责任的构成有"四个要件"，包括致害行为、过错、损害事实以及致害行为和实际损害之间的因果关系，而无过错责任仅属法律明确规定前提下

---

① 山澜. 滥发短信推销商品要小心了 [N]. 中国工商报, 2011–10–05.

采用的例外。

侵权的"四要件说"成为侵权行为的构成要件。

第一,对于一般的侵权行为的构成要件。个人信息一般侵权行为,只要有侵权行为的事实即可,不需要过错和损害两个构成要件,自然也就不存在因果关系要件。欧盟《数据保护指令》导言第(55)指出:"如果管理者没有尊重资料主体的权利,国家法律必须规定相应的司法救济,管理者必须赔偿因非法处理给本人造成的损失。但是如果管理者能够证明他对此不负责任,特别是在他能够找出资料主体的错误或有不可抗力的情形下,可以免除管理者的责任。任何违反根据本指令所采取的国家措施的个人,无论是受私法还是受公法调整,都必须受到制裁。"第(55)前段规定的,没有尊重信息主体的权利,就应该提供司法救济,主要是指在没有损害情况下,应承担的责任的情形。

第二,承担损害赔偿责任的侵权行为的构成要件。其他机构承担损害赔偿责任的侵权行为的构成要件为四要件,包括违法行为、过错、实际损害以及致害行为和实际损害之间的因果关系。欧盟《数据保护指令》对承担损害赔偿责任的侵权行为有明确的规定。欧盟《数据保护指令》第23条规定:任何人因非法处理操作和任何违反根据本指令通过的国内法的行为而受到损害,有权向管理者要求损害赔偿。对承担损害赔偿责任的侵权行为的四要件详述如下:(1)个人信息致害行为。致害行为是指行为人实施的致人损害的行为。致害行为有合法行为和违法行为之分。有的致害行为,本身合法,但也造成了他人的损害，而应当承担责任，如排污人在排污指标范围内（合法）的排污行为造成的邻人损害等。而致害行为大多因违法行为引起，如侵犯名誉权的行为等。个人信息致害行为是指行为人实施的侵害信息主体的个人信息权的行为。个人信息致害行为一般发生在个人信息的收集、处理和利用等环节中。违法行为包括作为和不作为两种，作为的违法行为是指积极实施的违法行为，如非法收集、处理和利用他人个人信息；不作为的违法行为，是指以不作为表现出来的侵害个人信息的行为，如信息管理者违反安全原则，未提供安全可靠的保存措施和建立相关制度等。若行为人实施了为法律所不禁止的行为，但侵害了信息主体的权利，虽然行为不具有违法性，但也成立侵权。若行为人仅仅违反了约定义务，则不构成侵权，应该以违约责任追究。（2）过错形式。此处的过错认定，采取过错推定原则。如果行为人自己不能证明自己无过错，则应推定其有过错。若行为人能证明自己并无过错，则不承担损害赔偿责任。欧盟《数据保护指令》第23条规定：如果管理者能够证明他不对产生损害的事件负责，可以全部或部分免除他的责任。（3）损害事实。违法行为是引起损害的主要原因，从广义上说，损害指民事主体的合法权益的任何损害状态。损害包括财产损失和精神损害；包括直接损害和间接损害。[1]（4）因果关系。侵害个人信息的违法行为与损害结果之间具有因果关系。法律上的因果关系与哲学上的因果关系不同。哲学上把现象和现象之间的"引起"和"被引起"的关系，叫作因果关系，其中引起某种

---

[1] 杨骊文. 大数据时代个人信息的民法保护 [J]. 学术论文联合比对库，2020：1.

现象产生的现象叫作原因，被某种现象引起的现象叫作结果。^①
而侵权行为构成要件中的因果关系渗透着法律的价值判断，有
着明确的目的性，通常以一个普通人的理性判断为标准。这种
方法，在德国被称为相当因果关系说。这种学说认为，根据一
般人的经验能判断一致害行为是引起损害发生的原因的，此种
致害行为和损害之间的因果关系就被认为是法律上的相当的因
果关系。致害行为和损害结果之间相当的因果关系成立，行为
人须承担损害赔偿责任。只有当一种行为，同时满足承担损害
赔偿责任的侵权行为的四个要件时，行为人才承担侵权损害赔
偿责任。^②

政府行政承担损害赔偿责任的侵权行为的构成要件为三要
件，包括违法行为、实际损害以及因果关系。对政府行政承担
损害赔偿责任的侵权行为的三要件中的损害事实要件、因果关
系要件，与民事责任构成要件相同。因此将重点放在行政行为
的违法性要件上。政府行政实施的行为的违法性，是一种客观
违法性，不考虑政府行政及其工作人员的主观状态，只要政府
行政及其工作人员实施的行为侵害了个人信息，则成立损害赔
偿责任。我国《国家赔偿法》规定，政府行政和政府行政工作
人员违法行使职权侵犯公民、法人和其他组织的合法权益造成
损害的，受害人有依照本法取得国家赔偿的权利。

---

① 张璐. 论旅游合同的违约责任 [D]. 成都：重庆大学，2010.
② 李川. 个人信息犯罪的规制困境与对策完善：从大数据环境下滥用信息问题切入 [J].
中国刑事法杂志，2019（5）：34.

第二节　侵害个人信息行为的责任

侵权责任是指行为人由于实施了侵害他人的财产权和人身权的行为，而应承担的民事法律责任。

一、国家机关的责任形式

我国现行《国家赔偿法》规定的行政赔偿制度，是指国家行政机关及其工作人员违法行使职权，侵犯公民、法人或其他组织的合法权益并造成损害，由国家承担赔偿责任的制度。在我国，行政机关的侵权责任，由《行政许可法》《行政诉讼法》和《国家赔偿法》集中规定。我国《行政许可法》规定的行政机关承担行政责任的形式包括撤销、责令改正、没收违法收取的费用和赔偿等。行政机关工作人员（包括主管人员和直接责任人员）应承担的责任形式有行政处分和被追究刑事责任。《行政诉讼法》和《国家赔偿法》主要规定了行政赔偿责任制度。从法的适用关系上看，《行政许可法》的规定，显然不适用于政府行政个人信息侵权行为。而《行政诉讼法》和《国家赔偿法》的有关规定可以适用。《行政诉讼法》第67条规定："公民、法人或者其他组织的合法权益受到行政机关或者行政机关工作人员作出的具体行政行为侵犯造成损害的，有权请求赔偿。"

政府行政个人信息侵权责任的承担，不以过错存在为要件，只要政府行政实施了个人信息侵权行为，均应承担责任。我国《国家赔偿法》第三条规定："行政机关及其工作人员在行使行政职权时有下列侵犯人身权情形之一的，受害人有取得赔偿的权利。"经过1990年的修正，德国《资料法》规定政府行政侵害个人信息，采取严格责任归责原则。以上法律规定均不以过错为要件。[①]

二、其他机构个人信息侵权责任

是指其他机构由于过错违反法定义务，实施个人信息侵权行为，而应承担的民事法律责任。归责原则是指确定当事人承担法律责任所依据的准则。归责原则的确立是解决法律责任问题的核心。我国现有《民法典》的规定的侵权行为归责原则有三种：过错责任原则（包括过错推定责任原则）、无过错责任原则和公平责任原则。根据现有《民法典》的规定，过错责任原则是指以行为人的主观过错为侵权责任承担的必备要件的归责原则。过错推定原则是过错责任原则的一种，是指若行为人不能证明其无过错，应承担民事责任的归责原则。其主观上有过错，除非其能证明自己没有过错，否则应承担民事责任。根据现有《民法典》的规定，无过错责任原则是指行为人实施了加害行为，尽管其主观上没有过错，也应依照法律的规定承担责任的归责原则。无过错责任原则的适用范围非常有限，限于法律明确规定的四种情况，具体如下：（1）从事高度危险活

---

① 杨立新. 个人信息处理者侵害个人信息权益的民事责任 [J]. 国家检察官学院学报，2021（5）.

动致人损害的行为;(2)污染环境致人损害的行为;(3)饲养动物致人损害的行为;(4)产品不合格致人损害的行为。根据《民法典》的规定,公平责任原则是指对于损害的发生,双方的当事人均无过错,但损害由受害人一方承担又显失公平的,根据具体情况和公平观念,在当事人之间分担损害后果的一种归责原则。我国《合同法》第107条、120条的规定,确立了严格责任原则。所谓严格责任,是指无论行为人是否有过错,都应该对其行为造成的损害承担责任的归责原则。在过错责任原则下,只有在不能证明其对违约行为无过错的情况下,才承担违约责任,按照严格责任归责原则,当事人对自己的违约行为承担责任,而主观是否存在过错在所不问。这是符合国际惯例的,《联合国国际货物销售合同公约》《国际商事合同通则》都确立的是严格责任原则。严格责任作为与过错责任相对的一种归责形式,不仅在理论方面完善了归责原则体系,而且在实务操作方面也呈现出很大的优势。

根据侵权行为的不同,个人信息侵权实行不同的归责原则。针对一般的侵权行为,实行严格责任原则;针对承担损害赔偿责任的侵权行为,实行过错责任原则。严格责任和过错责任是相对的一组归责原则,过错责任以过错为承担赔偿责任的前提,而严格责任对于有无主观过错在所不问。严格责任和无过错责任原则不同,无过错责任原则适用于仅仅明确为法律所规定的特殊侵权行为,而严格责任则不适用于特殊侵权行为。法、德(其实还包括意大利、荷兰等其他大陆法系国家)《民法典》仅将"损害"及"过错"列为损害赔偿侵权责任的构成要件。因此，著者认为，导致停止侵害、排除妨碍、消除影响以及返还个人信息载体等责任的行为定为一般侵权行为的归责原则，对于一般的侵权行为，采取严格责任原则，不以过错为承担责任的要件。行为人承担损害赔偿责任，以过错责任为原则，即只有在行为人具有主观过错的情况下，行为人才承担赔偿责任。

三、承担民事责任的形式

1. 政府行政主要有以下几种责任承担形式:(1)赔偿损害。政府行政承担的责任主要是赔偿责任。赔偿损害，既包括财产损失，也包括精神损害。(2)恢复名誉。恢复名誉是承担民事责任的方式之一，系保护人身权和知识产权的一种方法。指责令侵害他人姓名权、肖像权、名誉权、荣誉权等人身权和著作权、专利权、商标专用权等知识产权的行为人，为受害人恢复被损害的名誉。

2. 其他机构主要有以下几种责任承担形式:(1)赔偿损害。(2)限期改正和罚款。(3)撤销许可和登记。(4)法定赔偿额度在个人信息侵权损害赔偿数额上，财产损失以实际损失计算，而对于每一项侵害的赔偿总额，多数国家和地区建立了法定赔偿额制度。[①] 我国的立法应当善此规定。

---

① 申佳平. 政务 App 责任重大个人信息处理亟需增强 "敬畏心" [EB/OL]. (2023-01-27). People.cr.

参考文献

［1］许中缘，何舒芩.公共卫生领域大数据治理中个人信息的利用与保护［J］.中南大学学报，2022（3）.

［2］王娅.国家在场视角下个人信息保护的实践检视与路径探索［J］.财经法学，2022（3）.

［3］刘德良.个人信息的财产权保护［J］.法学研究，2007（3）.

［4］谢宗晓，李松涛.隐私保护国际标准进展与简析［J］.中国质量与标准导报，2019，255（1）.

［5］洪延青.人脸识别技术的法律规制研究初探［J］.中国信息安全，2019（8）.

［6］陈晓勤.公共行政领域中的个人信息保护［J］.法学杂志，2013（10）.

［7］蒋红珍.《个人信息保护法》中的行政监管［J］.中国法律评论，2021（5）.

［8］彭錞.论个人信息保护行政处罚制度：以《个人信息保护法》第66条为中心［J］.行政法学研究，2022（4）.

［9］彭錞.论国家机关处理个人信息的合法性基础［J］.比较法研究，2022（1）.

［10］鞠晔，王平.云计算背景下欧盟消费者个人敏感数据的法律保护［J］.法学杂志，2014（8）.

［11］李明.大数据时代美国的隐私权保护制度［J］.互联网金融与法律，2014（9）.

［12］周坤琳，李悦.回应型理论下人脸数据运用法律规制研究［J］.西南金融，2019（12）.

［13］张桩.劳动者隐私权保护：以用人单位使用劳动者个人信息为视角［J］.山东工会论坛，2019（3）.

［14］苏炜杰.大数据时代我国劳动者的隐私保护：对欧盟和美国立法的借鉴［J］.社会科学论坛，2020（4）.

［15］孟小峰，张啸剑.大数据隐私管理［J］.计算机研究与发展，2015（2）.

［16］齐爱民.论个人信息的法律属性与构成要素［J］.情报理论与实践，2009（10）.

［17］张新宝.个人信息收集：告知同意原则适用的限制［J］.比较法研究，2019（6）.

［18］李刚.试论电子政府治理的发展趋势［J］.计算机系统应用，2008（1）.

［19］孙广中，魏燊，谢幸.大数据时代中的去匿名化技术及应用［J］.信息通信技术，2013（6）.

［20］王利明.论个人信息权的法律保护：以个人信息权与隐私权的界分为中心［J］.现代法学，2013（4）.

［21］王平水，王建东.匿名化隐私保护技术研究综述［J］.小型微型计算机系统，2011（2）.

［22］景欣．大数据征信中个人信息保护制度的比较与借鉴［J］．西南金融，2020（9）．

［23］伍艳．论网络信息时代的"被遗忘权"［J］．图书馆理论与实践，2013（11）．

［24］杨立新，韩煦．被遗忘权的中国本土化及法律适用［J］．法律适用，2015（2）．

［25］刘新海．数字经济下个人信息保护的挑战和应对：以 App 违法违规搜集个人信息治理为例［J］．中国信用，2020（10）．

［26］张新宝．从隐私到个人信息：利益再衡量的理论与制度安排［J］．中国法学，2015（3）．

［27］郑志峰．网络社会的被遗忘权研究［J］．法商研究，2015（6）．

［28］张里安，韩旭至．大数据时代下个人信息权的私法属性［J］．法学论坛，2016（3）．

［29］邢会强．大数据交易背景下个人信息财产权的分配与实现机制［J］．法学评论，2019（2）．

［30］程啸．论我国民法典中的个人信息合理使用制度［J］．中外法学，2020（4）．

［31］蒋丽华．无过错归责原则：个人信息侵权损害赔偿的应然走向［J］．财经法学，2022（1）．

［32］吕炳斌．个人信息保护的"同意"困境及其出路［J］．法商研究，2021（2）．

［33］张新宝，邢会强，高富平．个人信息使用的合法性

基础：数据上利益分析视角［J］. 比较法研究，2019（2）.

　　［34］李拥军. 法律责任概念的反思与重构［J］. 中国法学，2022（3）.

　　［35］杨立新. 个人信息处理者侵害个人信息权益的民事责任［J］. 国家检察官学院学报，2021（5）.

　　［36］程金华. 利益平衡："三位一体"的个人信息法律治理架构［J］. 探索与争鸣，2020（11）.

　　［37］程啸. 我国民法典个人信息保护制度的创新与发展［J］. 财经法学，2020（4）.

　　［38］高秦伟. 个人信息保护中的企业隐私政策及政府规制［J］. 法商研究，2019（6）.

　　［39］邢会强. 人脸识别的法律规制［J］. 比较法研究，2020（5）.

　　［40］武腾. 最小必要原则在平台处理个人信息实践中的适用［J］. 法学研究，2021（6）.

　　［41］京东法律研究院. 欧盟数据宪章《一般数据保护条例》GDPR 评述及实务指引［M］. 北京：北京法律出版社，2018.

　　［42］齐爱民. 拯救信息社会中的人格［M］. 北京：北京大学出版社，2009.

　　［43］周汉华. 个人信息保护法条文精解与适用指引［M］. 北京：法律出版社，2022.

　　［44］龙卫球主编. 中华人民共和国个人信息保护法释义［M］. 北京：中国法制出版社，2021.

　　［45］奥斯特芬. 数据的边界：隐私与个人数据保护［M］.

曹博，译．上海：上海人民出版社，2020.

[46] 丁宇翔．个人信息保护纠纷理论释解与裁判实务[M]．北京：中国法制出版社，2021.

[47] 高富平．个人信息保护立法研究[M]．北京：光明日报出版社，2021.

[48] 个人信息保护组课题．个人信息保护国际比较研究[M]．2版．北京：中国金融出版社，2021.

[49] 程啸．个人信息保护法理解与适用[M]．北京：中国法制出版社，2021.

[50] 齐爱民．信息法原论：信息法的产生与体系化[M]．武汉：武汉大学出版社，2010.

[51] 林子杉．互联网精准营销，是在偷窥还是帮助用户[N]．人民法院报，2015-09-21（6）.

[52] 程啸．个人信息保护中的敏感信息与私密信息[N]．人民法院报，2020-11-19（5）.

[53] 丁杰．欧洲劳动者隐私权保护研究[D]．上海：华东政法大学，2021.

[54] 刘谋苗．知情同意原则的适用及其完善[D]．湘潭：湘潭大学，2020.

[55] 张振君．论场景风险理论下个人信息保护路径的重构[D]．上海：上海师范大学，2020.

[56] 申佳平，吕骞．35款App存在个人信息收集问题"鄂汇办"等多个政务平台被通报[EB/OL]．（2023-01-28）．People.cr.

［57］孙伟杰诉鲁山县农村信用合作联社侵犯公民个人信息权案［EB/OL］.（2018-04-17）. http：//wenshu.cout.gov.cn.

［58］郭兵与杭州野生动物世界有限公司服务合同纠纷一审民事判决书［EB/OL］.（2021-11-24）. http：//wenshu.court.gov.cn.

［59］郭兵、杭州野生动物世界有限公司服务合同纠纷二审民事判决书［EB/OL］.（2021-11-24）. http：//wenshu.court.gov.cn.

［60］涟源市通报一起公职人员泄露疫情防控个人信息典型案例［EB/OL］.（2023-01-27）. www.xhxww.cn.

［61］突发！国家网信办.滴滴出行App下架，严重违法违规收集使用个人信息［EB/OL］.（2021-07-14）."证券时报"微信公众号.

［62］最高法发布审理使用人脸识别技术处理个人信息相关民事案件的司法解释［EB/OL］.（2021-07-28）."最高人民法院"微信公众号.

［63］个保法颁布 中国个人信息保护进入新时代［EB/OL］.（2021-08-21）."威科先行法律信息库"微信公众号.

［64］大数据杀熟，携程被判退一赔三！［EB/OL］.（2021-07-13）."人民法院报"微信公众号.

［65］专家热议：个人信息保护与数据治理的挑战及应对［EB/OL］.（2021-05-26）."财经E法"微信公众号.

［66］BENNETT C. J.，RAAB C D. *The Governance of Privacy*［M］. Boston：MIT Press，2006.

［67］BRANDEIS L D. *Other People's Money and How the Bankers Use It*［M］. Whitefish： Kessinger Publishing， 2010.

［68］KUNER C. *Transborder Data Flows and Data Privacy Law*［M］. Oxford： Oxford University Press， 2013.

［69］POSNER R. *Economic Analysis of Law*［M］. New York： Aspen Publishers， 2003.